Welsh is Fun!

A new course
in spoken Welsh
for the beginner

by HEINI GRUFFUDD, M.A.
and ELWYN IOAN

y Lolfa

Argraffiad cyntaf (*First impression*): 1971
Trydydd argraffiad ar hugain (*Twenty third impression*): 2003

Rhif Llyfr Rhyngwladol (*ISBN*): 0 9500178 4 1

Cyhoeddwyd ac argraffwyd yng Nghymru ar bapur di-asid a rhannol eilgylch
(*Published and printed in Wales on acid-free and partly recycled paper by*)
Y Lolfa Cyf, Talybont, Ceredigion SY24 5AP
e-bost ylolfa@ylolfa.com
y we www.ylolfa.com
ffôn (01970) 832 304
ffacs 832 782
isdn 832 813

How to use this book

1. This book will give you a good start in learning to speak Welsh. After you've been through the lessons, and know the vocabulary at the end, you'll be able to say quite a lot of things — enough to get around anywhere. A whole new Welsh world lies before you.

2. Go through the lessons one by one. Master one before going on to the next. Read them all aloud. Do the exercises, and make up your own sentences, using the words you will already have learnt in previous lessons. If possible, get a Welsh speaker to help. UNDERSTAND each lesson before going on to the next.

3. In case of difficulty when trying out your Welsh say :

Siaradwch yn arafach. Rydw i'n dysgu Cymraeg.
(Sharadwch uhn aravach. Rudhw een duhski
      Kuhmraeeg.)
Speak slower. I am learning Welsh.

4. Use your Welsh whenever you can. All Welsh speakers will be only too glad to help.

5. Why not buy a small Welsh dictionary (any bookshop). The Vocabularies at the back of this book are inevitably limited.

6. When you have finished this book, rush to get a copy of WELSH IS FUN-TASTIC (see p.95), which is a direct follow-up, using similar methods. There are of of course many other books available, which are more advanced still. Ask your local Welsh bookseller for advice.

7. If you live in a town in Wales, join a Welsh society, Merched y Wawr (Welsh Women's Movement), Urdd (if you're young), Plaid Cymru (political party, but plenty of social activities too) (head office: 51 Heol yr Eglwys Gadeiriol, Caerdydd), or Clwb Cinio (Dining Club) or chapel. Best of all, try to join a Welsh Club such as Clwb Ifor Bach, Cardiff; Tŷ Tawe, 9 Christina St., Swansea; Clwb Brynmenyn, Brynmenyn, Bridgend or Clwb y Bont, Pontypridd. Send for details of Welsh classes in all parts of Wales to WJEC, Tŷ Arlbee, Heol y Brodyr Llwydion, Caerdydd (Cardiff). If you want to do something active for the language, join Cymdeith-

3

as yr Iaith Gymraeg (Welsh Language Society), Pen Roc, Rhodfa'r Môr, Aberystwyth. Anyway remember that the more Welsh you hear, the more you'll speak.

8. Listen to as many programmes for learning Welsh as you can, and listen to others too. S4C broadcasts about 3 hours of Welsh TV a night and Radio Cymru puts out up to ten hours of Welsh from 6.30 a.m. You will find yourself enjoying some of the programmes even without fully understanding them at first.

9. Of course, try to join any Welsh class, private, Tech., WEA or local authority. You can have fun going through this book in a class. If you know of other learners, contact your education office to ask about night classes.

10. If your aim is however simply just to know enough Welsh to get around Wales, in the cafe, in the pub, dance, football match, post office, shop, hotel, cinema, etc., then this book is good enough on its own. Why not buy one for a friend?

Contents

4

Basic Pronunciation

Every letter in Welsh is pronounced — there are no silent letters as in English. Most letters have only one basic sound, which makes pronunciation simple, but you will notice that all vowels can be long or short. The accent on Welsh words is, with few exceptions, on the last but one syllable. Here is the Welsh alphabet with the equivalent English sounds:

A	—	as in "h*a*rd"
		or "h*a*m"
B	—	b
C	—	k
CH	—	as in "Ba*ch*" (the composer)
D	—	d
DD	—	as "th" in "*th*em"
E	—	as in "s*a*ne"
		or "s*e*lf"
		When it immediately follows "a", the sound is "ee"
F	—	v
FF	—	ff
G	—	as in "*g*arden"
NG	—	as in "lo*ng*"
H	—	as in "*h*at" (never silent)
I	—	as in "t*ea*"
		or "t*i*n"
J	—	j
L	—	l
LL	—	as in "*Ll*anelli". This sound does not occur in English. Place the tongue on the roof of the mouth near the teeth, as if to pronounce "l", then blow voicelessly.
M	—	m
N	—	n
O	—	as in "*o*re"
		or "p*o*nd"
P	—	p
PH	—	ff
R	—	r
RH	—	rh
S	—	s (as in "*s*ong"; never as in "a*s*")
T	—	t

TH	—	as in "clo*th*"
U	—	roughly like Welsh "i"
W	—	as in "b*oo*n"
		or "c*oo*k"
Y	—	as in "t*ea*"
		or "t*i*n"
		or "r*u*n"

In the first few lessons, the pronunciation is put in brackets).

N.B. Welsh vowels =
A E I O U W Y ;
all the others are consonants.

Y GWERSI
The Lessons

Now Begin! →

Gwers Un (Lesson 1) Some Greetings

1

CROESO
(CRŌ-EESO)
Welcome

2

SHW MAE?
(SHW-MĀHEE)
Helo

3

SUT YDYCH CHI?
(SIT UHDICH CHEE?)
or
SHWD ŶCH CHI?
(SHOOD EECH CHEE?)
How are you?

4

DA IAWN DIOLCH.
(DAH EEAWN DEEOLCH)
Very good, thanks.

9

iawn—very *(follows adjective)*
iawn *(on its own)*—all right
o—from
'ma *or* yma—here
i mewn—in, inside
diolch—thanks
Dewch—Come
Ewch—Go
da—good
drwg—bad
gweddol—fair, all right

DYWEDWCH A CHYFIEITHWCH/ SAY & TRANSLATE

Croeso . . . .
Dewch i mewn . . . .
Shwd ych chi? . . . .
Gweddol, diolch . . . .
Shw mae? . . . .
Ewch o ma . . . .
Dewch ma . . . .
Da iawn . . . .
Iawn, diolch . . . .
Pob hwyl! . . . .

BORE DA.
(BOREH DAH)
Good morning

HET

HAUL
- (HAEEL)
Sun

TRAETH
(TRAEETH)
Beach

1

MAE HI'N BRAF.
(MAEE HEE'N BRAHV)
It is fine.

2

MAE HI WIR.
(MAEE HEE, WEER)
It is, indeed.

HANCES
Handkerchief

3

WEL, WEL, MAE HI'N BWRW GLAW.
(WELL, WELL, MAEE HEE'N
BWRW GLAW)
Well, well,
it's raining.

4

11

hi—she, or it
mae—is
'n—no meaning, but used after **mae hi**, or
    other forms of verb, when something
    (*except a preposition*) follows it
ofnadwy—awful (*when used with adjective,
            always follows it*)
oer—cold
dwym—warm
uffernol—hellish
hyfryd—lovely

DYWEDWCH A CHYFIEITHWCH/
SAY & TRANSLATE

Bore da . . . .
Nos da . . . .
Mae hi'n oer . . . .
Mae hi'n dwym . . . .
Mae hi'n bwrw glaw . . . .
Mae hi'n braf . . . .
Mae hi'n gymylog . . . .
Mae hi'n braf ofnadwy . . . .
. . . .

13

Gwers Tri (Lesson 3) Yn y Dafarn (In the Pub)

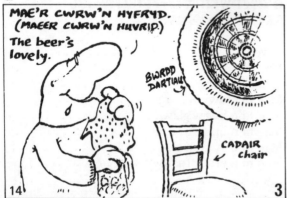

Mae'r cwrw'n . . . —The beer is. . .
Mae'r dafarn yn . . . —The pub is . . .
a—and *(before consonants)*
ac—and *(before vowels and* mae*)*
'r—the
Mae e'n—He is . . .
Mae hi'n—She is . . .

dyn—man
dynion—men
cwrw—beer
rhad—cheap
peint—a pint

RHIFAU (Numbers)

1 — un
2 — dau
3 — tri
4 — pedwar
5 — pum
6 — chwe
7 — saith
8 — wyth
9 — naw
10 — deg (see page 59 for full list)

16

DYWEDWCH A CHYFIEITHWCH/ SAY & TRANSLATE

Mae hi'n dwym . . . .
un peint . . . .
un peint arall . . . .
un peint ac un paste . . . .
Mae'r cwrw'n oer . . . .
Mae'r dafarn yn oer . . . .
Mae e'n feddw . . . .
Mae John yn yfed llawer . . . .
. . . .

Gwers Pedwar (Lesson 4) Yn y Car (In the Car)

10 — deg
20 — dauddeg/ugain
30 — tri deg
40 — pedwar deg
50 — pum deg
60 — chwe deg
70 — saith deg
80 — wyth deg
90 — naw deg
100 — cant

dyma—here's
dyna—there's
rydw i'n—I'm

When translating "a" into Welsh, just leave it out, e.g., girl=**merch**; a girl=**merch**.

yn y—in the
i'r—to the
y—the
'r—the

SOMETIMES consonants change in Welsh, e.g., petrol=**petrol**, but "of petrol" = "**o betrol**". Don't worry about this: take it as it comes. It's not so important anyway. This change also occurs after **dyma**, e.g., **dyma bum punt**—here is £5.

(For full explanation, see pages 62,63)

DYWEDWCH A CHYFIEITHWCH/
SAY & TRANSLATE

Rydw i'n rhoi tri galwyn o betrol i'r car . . . . .
. . . .
Rydw i'n rhoi pedwar deg ceiniog o newid . . .
. . . .
Dyma saith deg ceiniog . . . .
. . . .
Pum punt os gwelwch yn dda . . . .
. . . .
at y car . . . .
yn y garej . . . .

19

5 MAE NHW EISIAU GWELY A BRECWAST.
They want bed and breakfast.

6 MAE HI'N COSTIO PUM PUNT, UGAIN CEINIOG YR UN, SYR.
It costs five pounds, twenty pence each, sir.

PERCHENNOG
Owner

7 RYDYCH CHI'N CAEL GWELY SENGL?
You are having a single bed?

8 MAE NHW'N CYSGU YN Y GWELY.
They are sleeping in the bed.

LLENNI

BLANCED

21

Rydw i'n—I'm . . .
Mae e'n—He is . . .
Mae hi'n—She is . . .
Rydyn ni'n—We are . . .
Rydych chi'n—You are . . .
Mae nhw'n—They are . . .

ALSO used for **Rydw i'n**: **Rwy'n, Wi'n.**

o—from, of
i—to
eisiau—want
costio—cost
aros—stay, wait
rhoi—give
yn—in
yr un—each
cysgu—sleep
dod—come
mynd—go
cael—have

22

Pump. When 5 is used on its own, it is **pump**, not **pum**. Similarly, 6=**chwech**, or **chwe**.

DYWEDWCH A CHYFIEITHWCH/
SAY & TRANSLATE

Rydw i'n cysgu . . . .
Rydw i'n cysgu'n braf . . . .
. . . .
Mae hi'n dwym yn yr ystafell . . . .
. . . .
Mae'r gwely dwbwl yn dwym . . . .
. . . .
Rydyn ni'n dod o Abertawe . . . .
. . . .
Mae nhw'n dod o Aberystwyth . . . .
. . . .
Rydych chi'n gynnar . . . .
Mae e'n hwyr yn y gwesty . . . .
. . . .

24

	No	Yes
Ydw i'n? — Am I . . . ?	**Na**	**Ydw** (I am)
Ydy e'n? — Is he/it . . . ?	**Na**	**Ydy** (He is)
Ydy hi'n? — Is she/it . . . ?	**Na**	**Ydy** (She is)
Ydyn ni'n? — Are we . . . ?	**Na**	**Ydyn** (We are)
Ydych chi'n? — Are you . . .?	**Na**	**Ydych** (You are)
Ydyn nhw'n? — Are they . . . ?	**Na**	**Ydyn** (They are)

▷ **Beth ydy?** or **Beth yw?** = What is?

11 – un deg un
12 – un deg dau
13 – un deg tri . . .
21 – dau ddeg un
32 – tri deg dau, etc.

NB. 2=dau. But =dwy with feminine nouns. *(Again, not too important.)*

DYWEDWCH A CHYFIEITHWCH/ SAY & TRANSLATE

Ydyn ni ar y ffordd iawn?. . . . .
. . . .
Na . . . . Ydyn . . . .
Ydy'r bws yn dod?. . . . .
Na . . . . .Ydy . . . .
Beth ydy'r pris?. . . . .
Ydyn nhw'n dod?. . . . .
Na . . . . Ydyn . . . .
Ydych chi'n dod?. . . . .
Na . . . . Ydw . . . .

ATEBWCH/ANSWER 'YES'

Ydy'r bws yn dod?. . . . .
Ydych chi'n mynd i'r dre?. . . . .
Ydw i ar y ffordd iawn?. . . . .
Ydych chi'n dod o Abertawe?. . . . .

Gwers Saith (Lesson 7) **Yn y Siop** (In the Shop)

RYDW I EISIAU
I want (sometimes pronounced 'ishe'.)

PWYS O GAWS
PWYS O FENYN
PEINT O LAETH
DAU BWYS O SIWGR
TRI PHWYS O AFALAU
PWYS O DATWS
PWYS O FORON
TORTH O FARA
DWSIN O WYAU
TIN O GAWL
TIN O EOG
POTEL O BOP,
OS GWELWCH CHI'N DDA.

MENYW

CÔT

70c y pwys

CAWS (cheese)

BRESYCH (Cabbage)

BANANAS

EOG (Salmon)

YDYCH CHI'N GWERTHU SEBON?
Do you sell soap?

GLOWR Miner →

JAM

50c y pwys

Menyn (Butter)

26

27

eisiau—want
pwys—pound *(lb)*
punt—pound *(£)*
prynu—buy
menyw—woman
menywod—women
y pwys—a pound
o—of *(note soft mutation after* o)
yr un—each
ffres—fresh

DYWEDWCH A CHYFIEITHWCH/ SAY & TRANSLATE

Rydw i eisiau tin o samwn . . . .
pwys o fenyn . . . .
torth o fara . . . .
Ydych chi'n gwerthu pop? . . . .
. . . .
Na. Rydw i'n gwerthu llaeth . . . .
. . . .

ATEBWCH/ANSWER

Ydych chi'n gwerthu bwyd? . . . .
. . . .
Beth ydy pris yr orenau? . . . .
. . . .
Ydy'r bara'n ffres? . . . .
. . . .

Welsh Book Shop

SIOP LYFRAU CYMRAEG

CIGYDD

PLAZA

SWY

MAE'R SINEMA TU ÔL Y SIOPAU. MAE'R LLYFRGELL AR Y CHWITH, A SWYDDFA'R POST, O FLAEN Y SINEMA, AR Y DDE.
The cinema is behind the shops. The library is on the left, and the post office, in front of the cinema on the right.

LLYFRGELL Y SIR
County Library

Dos. 1   Dos.

5/6

Yr Anghenfil o'r Gofod

4.00 a 7.00

(The Monster from Space)

30

PRYD MAE'R FFILM YN DECHRAU?
When is the film starting?

AM SAITH O'R GLOCH.
At seven o'clock.

7

FAINT MAE'R TOCYN YN COSTIO?
How much does the ticket cost?

8

MAE'R TOCYN YN COSTIO PUNT.
The ticket costs a £1.

TAI BACH

GAF I DDAU DOCYN PUNT, OS GWELWCH YN DDA?
May I have two £1 tickets, please?

Faint mae . . . yn costio?—How much does . . . cost?

Pryd mae?—When is . . . ?

Ble mae?—Where is . . . ?

paned o de—cup of tea

o'r gloch—o'clock

11 — un ar ddeg *(with time)*

12 — deuddeg *(with time)*

Esgusodwch fi—Excuse me

GAF I . . . ?—MAY I HAVE . . . ?

No=**NA**   Yes=**CEWCH** (you may)

agosa—nearest

Swyddfa'r Post—Post Office

Nwy—Gas

tŷ bach—toilet

am—at, for

rhwng—between

DYWEDWCH A CHYFIEITHWCH/
SAY & TRANSLATE

Mae'r caffe'n agor (open) am bump o'r gloch

. . . .

Faint mae paned o de yn costio?. . . . .

. . . .

Ble mae neuadd y dre?. . . . .

. . . .

Esgusodwch fi . . . .

Ble mae'r tŷ bach?. . . . .

Rydw i eisiau tocyn punt . . . .

. . . .

ATEBWCH/ANSWER

Ble mae'r siop lyfrau?. . . . .

. . . .

Ble mae'r sinema?. . . . .

. . . .

Pryd mae'r ffilm yn dechrau?. . . . .

. . . .

Faint mae'r tocyn yn costio?. . . . .

. . . .

Ble mae'r dyn a'r fenyw yn mynd?. . . . .

. . . .

▶ *NOTICE THAT adjectives always follow nouns in Welsh.*

31

33

Oes? —Is there . . .?
Oes—Yes
Na—No
NOTE : **Ydy'r?** =Is the . . .?
        Ydy? =Is . . .? *(with name or definite noun)*

DYWEDWCH A CHYFIEITHWCH/ SAY & TRANSLATE

Ble ydych chi'n gweithio? . . . .
. . . .
Rydw i'n gweithio yn y pwll glo . . . .
. . . .
Rydw i'n cael wyth deg punt yr wythnos . . .
. . . .
Mae pedwar cant yn gweithio yno . . . .
. . . .
Mae llawer yno . . . .
Diawl ydy'r bos . . . .
Oes gwaith glo yn y Rhondda? . . . .
. . . .

ATEBWCH/ANSWER

Ble rydych chi'n gweithio? . . . .
. . . .
Oes llawer yn gweithio yno? . . . .
. . . .
Oes shifft nos yn y gwaith? . . . .
. . . .
Oes menywod yn gweithio yno? . . . .
. . . .
Oes dynion yn gweithio yno? . . . .
. . . .

In a Welsh sentence, when "is" has the meaning of "=", use **ydy.** (or **yw**)

hwn—this *(masc.)*
hon—this *(fem.)*
ond—but
heb—without *(followed by soft mutation)*

34

Gwers Deg (Lesson 10) Yn y Caffe (In the Café)

Dydw i ddim yn . . . —I don't . . .
Dydy e . . . —He doesn't . . .
Dydy hi (or Dyw hi . . .) — She doesn't . . .
Dydyn ni . . . —We don't . . .
Dydych chi . . . —You don't . . .
Dydyn nhw . . .—They don't . . .

llaeth—milk	eto—yet, or again
siwgr—sugar	o gwbl—at all
halen—salt	cinio—dinner
pubur—pepper	swper—supper
hoffi—to like	te—tea

brecwast—breakfast
yn barod—ready
bara menyn—bread and butter

ATEBWCH/ANSWER

Ydych chi eisiau bwyd?. . . . .
Ydych chi eisiau coffi?. . . . .
Ydych chi eisiau bwyta brecwast?. . . . .
. . . .
Ydych chi eisiau cinio?. . . . .
Ydych chi'n hoffi coffi?. . . . .

DYWEDWCH A CHYFIEITHWCH/
SAY & TRANSLATE

Dydw i ddim eisiau te . . . .
. . . .
Rydw i eisiau tost a jam . . . .
. . . .
Rydyn ni eisiau cawl . . . .
. . . .
Dydyn ni ddim eisiau marmalêd . . . .
. . . .
Rydw i'n hoffi bara menyn mewn cawl . . . . .
. . . .
Maen nhw'n hoffi te a llaeth a siwgr . . . . . .
. . . .
Dydyn ni ddim yn hoffi siwgr . . . .
. . . .

Gwers Un Deg Un (Lesson 11) **Corff a Dillad** (Body & Clothes)

RHIF TRI (No 3)
3

GWALLT (Hair)
PEN (Head)
CLUST (Ear)
LLYGAD
TRWYN
BRAICH
DANNEDD (TEETH)
CEG (Mouth)
GWDDW (Throat)
LLAW
TRONS HIR (Long Johns)
TROED (Foot)
BODIAU (Toes)

HOSAN

*BRON (Breast)
*BRONGLWM (Bra)
BLOWS
BOL (Belly)
COES (Leg)
ESGID (Boot)
SGERT

COT FAWR (Overcoat)
POCED

SIACED
SIWT
TROWSER
GWASCOD
CRYS A TEI (Shirt and tie)

SBECTOL
BARF

FFROG
ESGID (Shoe)

PAIS (Petticoat)

38

NOTE:
Does dim = There isn't
Dydy'r . . . ddim = The . . . isn't

Mae sgert 'da fi—I've got a skirt
Mae sgert 'da fe—He's got a skirt
Mae sgert 'da hi—She's got a skirt
Mae sgert 'da ni—We've got a skirt
Mae sgert 'da chi—You've got a skirt
Mae sgert 'da nhw—They've got a skirt

PS! Don't confuse **'da** (got, with) with **da** (good). (Both pronounced the same.)
'da in full = **GYDA**

DYWEDWCH A CHYFIEITHWCH/ SAY & TRANSLATE

Oes cot 'da chi?. . . . .
Na, does dim cot 'da fi . . . .
Mae siaced 'da fi . . . .
Oes sgyrt 'da hi?. . . . .
Oes, mae . . . .
Oes dillad 'da nhw?. . . . .
Nac oes, does dim . . . .
Oes llaw 'da chi?. . . . .
Mae pâr 'da hi . . . .

ATEBWCH/ANSWER

Oes bronglwm 'da chi?. . . . .
Oes trons 'da chi?. . . . .
Oes siwt 'da chi?. . . . .
Oes bronnau mawr 'da chi?. . . . .
Oes pen mawr 'da fe?. . . . .
Oes pâr mawr 'da hi?. . . . .

Faint ydy (or **Beth yw'r pris**) y llyfr? —How much is the book?
Beth ydy'r pris? —What's the price?
Beth sy'n dod? —What's coming?
Pwy sy'n dod? —Who's coming?
Beth sy'n bod? —What's the matter?

Ydy (or yw) is used when is = "=".
   i.e., What = the price? — **Beth ydy'r pris?**
SY is used as is when a sentence starts with a name or a phrase that is emphasised.
   e.g., **John** is coming — **John sy'n dod.**
      John **is coming** — **Mae John yn dod.**

---

   nesa—next
   agosa—nearest
   amlen—envelope
   wrth gwrs—of course
   Dim diolch—No thanks
   Ga i?—May I. . . ?
   ffonio—to phone
   Ga i ffonio?—May I phone?
   Cewch—Yes (you may)

ATEBWCH/ANSWER

Beth ydy pris amlen a stamp?. . . . .
. . . .
Beth sy ar yr amlen?. . . . .
Ydy'r post yn mynd heno?. . . . .
. . . .
Ydy'r post yn mynd heddiw?. . . . .
. . . .
Ble mae'r ffôn agosa?. . . . .

DYWEDWCH A CHYFIEITHWCH/
SAY & TRANSLATE

Ydych chi eisiau stamp?. . . . .
. . . .
Na, dim diolch . . . .
Rydw i eisiau ffonio . . . .
Pwy sy'n ffonio nesa?. . . . .
Oes post ar ôl chwech o'r gloch?. . . . .
. . . .
Oes, wrth gwrs . . . .

Gwers Un Deg Tri (Lesson 13) Yn y Ddawns
(In the Dance)

44

hoffi—like *(to)*
methu—can't *(do something)*
gallu—able *(to)*
dechrau—start *(to)*
Ga i ddawnsio 'da chi?—May I dance with
you?

Cewch—Yes
yn ddrud—expensive
iawn—very
der/dere—come *(when talking to friend or
dog)*

dewch—come

Mae'n well 'da fi—I'd rather . . .
Mae'n well 'da fe—He'd rather . . .
Mae'n well 'da hi—She'd rather . . .
   etc. . .   etc. . .
Does dim ots 'da fi—I don't care
Mae'n flin 'da fi—I'm sorry
Mae'n flin 'da fe—He's sorry
   etc. . .   etc. . .

46

DYWEDWCH A CHYFIEITHWCH/ SAY & TRANSLATE

Mae nhw'n gallu dawnsio . . . .
Ydyn nhw'n gallu yfed? . . . .?
Rydyn ni'n methu symud (move). . . . .
. . . .
Mae e'n dechrau dawnsio . . . .
Mae'n flin da fi . . . .
Does dim ots 'da fi . . . .

ATEBWCH/ANSWER

Ydy'r band yn dechrau chwarae? (play) . . . . .
. . . .
Ydy'n well 'da chi yfed te? . . . .
. . . .
Ydy lager yn well 'da chi? . . . .
. . . .
Ydy e'n well 'da chi fod gartre? (at home) . . .
. . . .
Ydy e'n well 'da chi ddawnsio? . . . .
. . . .

48

PAST TENSE: put **wedi** instead of **yn**.
(Otherwise, exactly as Present tense.)

  I.e., **Rydw i'n cerdded** = I am walking
       Rydw i wedi cerdded = I have walked

so

Mae e wedi cerdded = He has walked
Mae hi wedi cerdded = She has walked
Rydyn ni wedi cerdded = We have walked
Rydych chi wedi cerdded = You have walked
Mae nhw wedi cerdded = They have walked

      'nôl—back
      gormod—too much
      digon—enough

      With nouns:
      gormod o fwyd—too much food
      digon o gwrw—enough beer
      hefyd—also
      ers—since
      amser—time
      i gyd—all
      Mynd â—go with/take

DYWEDWCH A CHYFIEITHWCH/ SAY & TRANSLATE

Rydw i wedi meddwi . . . .
Ydych chi wedi dod gyda'r car? . . . .
. . . .
Ydw. . . . .   Na . . . .
Mae nhw wedi bwyta gormod o fwyd . . . . . .
. . . .
Mae e wedi ffonio tacsi . . . .
. . . .

ATEBWCH/ANSWER

Ydy e wedi cael digon o gwrw? . . . .
. . . .
Ydych chi wedi yfed digon? . . . .
. . . .
Sut ydych chi? . . . .
Sut ydych chi wedi dod? . . . .
. . . .
Ydy hi wedi cael amser da . . . .
. . . .

Gwers Un Deg Pump (Lesson 15) Yn y Gêm
(In the Game)

5

HEI — MAE FFLACH JENKINS WEDI SYRTHIO GER Y LLINELL!

Hey — Fflach Jenkins has fallen near the line.

(Fflach = Flash)

IE — ROEDD RHYW FFÔL DWL WEDI TAFLU POTEL AR Y CAE.

Yes — some silly fool had thrown a bottle on the field.

6

OEDDECH CHI WEDI PRYNU TOCYN CYN Y GÊM?
Had you bought a ticket before the game?

NA.
No

7

HANNER AMSER (Half time)

MAE ABERTAWE'N ENNILL O DRI GÔL I UN CAIS.
Swansea's winning by three goals to one try.

ROEDDEN NI'N HOFFI'R HANNER CYNTAF.
We liked the first half.

8

MAE ABERTAWE WEDI CURO CAERDYDD.
Swansea has beaten Cardiff.

ROEDDEN NHW'N CHWARAE GARTRE, WRTH GWRS.
They were playing at home, of course.

PAST TENSE, using "was":
Roeddwn i'n—I was . . .
Roedd e'n—He was . . .
Roedd hi'n—She was . . .
Roedden ni'n—We were . . .
Roeddech chi'n—You were . . .
Roedden nhw'n—They were . . .

PAST TENSE, using "had":
Instead of 'n use **wedi**:
Roeddwn i wedi—I had . . .
Roedd e wedi—He had . . .
Roedd hi wedi—She had . . .

NEGATIVE (I wasn't, etc):
Replace **R** in **Roeddwn** by **D** and add **ddim**
after **i**:
Doeddwn i ddim yn—I wasn't . . . . . .
(See Say & Translate opposite)

gweld—see	bant—away
o'r diwedd—at last	Dewch—Come
has just—newydd	gartre—at home
Mae e newydd ddod—he has just come	

52

Roeddwn i'n hoffi'r gêm . . . .
Roedden ni wedi dod o'r diwedd . . . .
. . . .
Oeddech chi wedi gweld y gêm? . . . .
Na
Doeddwn i ddim wedi gweld y gêm . . . .
. . . .
Doedd e ddim wedi dod . . . .
Doedd e ddim wedi cicio'r bêl . . . .
. . . .
Doedden nhw ddim wedi ennill . . . .
Doeddwn i ddim yno (there) . . . .
Doedden ni ddim yn chwarae . . . .
Doeddech chi ddim yn chwarae'n dda . . . . . .
. . . .

ATEBWCH/ANSWER

Oedd John yn chwarae heddiw? . . . .
Oeddech chi yn y gêm? . . . .
Oedd Abertawe wedi sgorio? . . . .
Pwy oedd wedi ennill? . . . .

1

BYDDWN NI'N GYRRU I'R WLAD FORY.
We'll drive to the country tomorrow.

Bydd e'n dod?
Will he come?

BYDD.
Yes.
(he will)

2

GÂT
BUWCH (COW)
HWRDD
DAFAD

BYDDA I'N GWELD DEFAID
AM Y TRO CYNTA.
I'll see sheep
for the
first time

BYDDWCH CHI, WIR?
Will you really?

BYDDA.
Yes (I will)

3

MYNYDDOEDD
LLYN

BYDDWN NI'N GWELD LLAWER
O FYNYDDOEDD, A CHOEDWIG
A LLYN.
We'll see lots of
mountains and a forest and a lake.

4

BYDDA I'N MWYNHAU'R HAUL — BYDDWCH CHI?
I'll enjoy the sun — will you?

NA. OND BYDDA I'N HOFFI GORFFWYS
MEWN CAE.
No. But I'll like to rest in
a field.

BYDD Y FFERMWR YN DIAWLO.
The farmer will curse.

53

FUTURE

	Yes	No
Bydda i'n dod—I'll come	**Bydda**	**Na**
Bydd e'n dod—He'll come	**Bydd**	
Bydd hi'n—She will . . .	**Bydd**	
Byddwn ni'n—We will . . .	etc.	
Byddwch chi'n—You will		
Byddan nhw'n—They will . . .		
Bydd John yn—John will . . .		

Bydd y ffermwr yn—The farmer will also habitual meaning —

Bydda i'n mynd yno bob dydd—I go there every day.

QUESTIONS

Exactly the same. Sometimes, one uses **F** instead of **B** at the start of the verb, e.g., **Fydda i** or **Bydda i** = Will I?

NEGATIVE (I won't, etc)

Bydda i ddim yn— I won't . . .
Bydd e ddim yn—He won't . . . . etc.

DYWEDWCH A CHYFIEITHWCH/ SAY & TRANSLATE

Bydda i'n mynd i'r wlad . . . .
Byddwch chi ddim yn dod . . . .
Bydd y ffermwr yn diawlo . . . .
Fyddwch chi'n mynd? . . . .
Byddan nhw'n gweld y fferm . . . .
Byddwn ni'n mynd am dro . . . .
Bydd hi'n hoffi dringo'r mynydd . . . .
Bydda i ddim . . . .

ATEBWCH/ANSWER

Byddwch chi'n mynd i'r dre fory? . . . .
. . . .
Byddwch chi'n mynd i weld y gêm? . . . .
. . . .
Bydd Cymru'n curo (beat) Lloegr? . . . .
. . . .
Byddwch chi'n mynd am dro weithiau? . . . . .
. . . .
Byddwch chi'n dringo'r Wyddfa yn yr haf? . . .
. . . .

RADIO

CWPWRDD

SOFFA

CLUSTOG

LLENNI
(Curtains)

FFENESTR
(Window)

GLYNFOR

BRECHDANAU
(Sandwiches)

MENYN
(Butter)

SBECTOL

CYLLELL
(Knife)

LLYFR

POTEL O GWRW

BARDDAS

CYLCHGRAWN
(Magazine)

PAPUR NEWYDD
(Newspaper)

56

NOW TRY YOUR WELSH!
DESCRIBE THIS PICTURE!

WAL
(Wall)

TELEDU

RHAGLEN
(Programme)

BLODAU

PLWG

CALENDR

DRYCH
(Mirror)

CLOC

LLE TÂN

Gwers Un Deg Saith (Lesson 17)
Yn y Lolfa (In the Lounge)

PRYF
(Fly)

CATH

GLO (Coal)
TÂN (Fire)

57

Beth sy ar y teledu?—What's on TV?
Dafydd Iwan sy ar y teledu—Dafydd Iwan is
    on TV

Ble mae'r papur?—Where's the paper?
Mae'r papur ar y llawr—The paper's on the
    floor

Beth sy yn y papur?—What's in the paper?
Dim byd!—Nothing!

Beth mae'r plant yn gwneud?—What are the
    children doing?
Mae nhw yn y gwely—They are in bed

ATEBWCH/ANSWER

Ble mae'r ci?....................
Beth mae'r ddau'n gwneud ar y soffa?......
....
Beth sy ar y teledu?...................
Ble mae "Barddas" (the magazine)?........
....
Oes glo ar y tân?....................
Oes plât ar y bwrdd?..................
Ydy'r ferch yn bert?..................
Ble mae llun Gwynfor?.................
Ydy'r dyn wedi meddwi?...............
Ydy e wedi mynd i gysgu?..............
Ydyn nhw wedi darllen y papur?..........
Oedden nhw wedi gorffen bwyta?.........
Ydy'r ci eisiau mynd am dro?............
Byddan nhw'n mynd i'r gwely?...........

Gramadeg
Grammar

RHIFAU / NUMBERS

1	un
2	dau (dwy, f.)
3	tri (tair, f.)
4	pedwar (pedair, f.)
5	pum(p)
6	chwe(ch)
7	saith
8	wyth
9	naw
10	deg
11	un-deg-un
12	un-deg-dau
13	un-deg-tri
	etc

20	dau-ddeg
21	dau-ddeg-un
22	dau-ddeg-dau
	etc
30	tri-deg
31	tri-deg-un
	etc
40	pedwar-deg
50	pum-deg
60	chwe-deg
70	saith-deg
80	wyth-deg
90	naw-deg

100	cant
200	dau gant
300	tri chant
400	pedwar cant
500	pum cant
600	chwe chant
700	saith cant
800	wyth cant
900	naw cant
1,000	mil
1,000,000	miliwn

Notes

After **DAU** and **DWY**, sóft mutation, e.g., **dau beint**= two pints.

After **TRI** and **CHWE**, spirant mutation, e.g., **tri pheint**=three pints.

NOUNS after numbers in Welsh ar always **SINGULAR** (not plural, as in English), e.g., **Pedwar dyn**=four men.

YR AMSER / THE TIME

1 o'clock: un o'r gloch. It's one o'clock: mae hi'n un o'r gloch
2 o'clock: dau o'r gloch. It's two o'clock: mae hi'n ddau o'r gloch
3 o'clock: tri o'r gloch: mae hi'n dri o'r gloch
4: pedwar o'r gloch: mae hi'n bedwar o'r gloch
5: pump o'r gloch: mae hi'n bump o'r gloch
6: chwech o'r gloch: Mae hi'n chwech o'r gloch
7: saith o'r gloch: mae hi'n saith o'r gloch
8: wyth o'r gloch: mae hi'n wyth o'r gloch
9: naw o'r gloch: mae hi'n naw o'r gloch
10: deg o'r gloch: mae hi'n ddeg o'r gloch
11: unarddeg o'r gloch: mae hi'n unarddeg o'r gloch
12: deuddeg o'r gloch: mae hi'n ddeuddeg o'r gloch
Note: 11=unarddeg, 12=deuddeg (don't use un-deg-un, un-deg-dau with time).

TO = i; PAST = wedi
Mae hi'n chwarter i dri—It's ¼ to 3
Mae hi'n hanner wedi pedwar—It's ½ past 4
Mae hi'n chwarter i saith—It's ¼ to 7
Mae hi'n chwarter wedi deg—It's ¼ past 10

MINUTE = munud
Mae hi'n bum munud i ddau—It's 5 to 2
Mae hi'n ddeg munud i bedwar—It's 10 to 4
Mae hi'n ddau-ddeg(or ugain) munud i naw—It's 20 to 9
Mae hi'n ddau-ddeg-pum munud (or pum munud ar hugain) i unarddeg—It's 25 to 11
Mae hi'n bum munud wedi pump—It's 5 pas 5, etc . . .

HOW TO ASK:
What's the time? —Beth ydy'r amser?
    or Faint o'r gloch ydy hi? (How much o'clock is it?)

    or Beth o'r gloch ydy hi?

P. S! Hour=awr (feminine), so 3 hours=tair awr.

60

QUESTIONS

OES? =Is there? Yes=**Oes.** No=**Na.**
Is there beer here=**Oes cwrw yma?**
Yes, there is beer here=**Oes, mae cwrw yma.**
No there isn't beer here=**Na, does dim.cwrw yma.**

YDY'R? =Is the? Yes=**Ydy.** No=**Na.**
Ydy'r map yma? =Is the map here?
Yes, the map is here=**Ydy, mae'r map yma**
No, the map isn't here=**Na, dydy'r map ddim yma**
No, the car isn't here=**Na, dydy'r car ddim yma**

BLE? =Where? **Ble mae'r sinema?** =Where is the cinema?

SUT? =How? **Sut mae e?** =How is he?
Sut ydych chi? =How are you?

BETH? =What? **Beth mae e'n bwyta?** =What is he eating?

PRYD? =When? **Pryd mae'r caffe'n agor**=When does the cafe open?

SAWL? =How many? **Sawl peint**=How many pints?

When IS has the meaning of an =sign, don't use **mae**, use **ydy**, e.g. :
FAINT? =How much?
Faint ydy hwn? =How much is this?
PWY? =Who?
Pwy ydy'r dyn? =Who is the man?
Also: **Beth ydy hwn?** =What is this?
Special note: Who is coming? =**Pwy *sy'n* dod?**

SOME ADJECTIVES

good, better, best=**da, gwell, gorau**
big, bigger, biggest=**mawr, mwy, mwya**
small, smaller, smallest=**bach, llai, lleia**

With most other adjectives, put **mor** before to mean as, e.g., **mor fawr**=as big, (**mor fawr â**=as big as); put **mwy** before to mean more, e.g., **mwy cryf**=stronger; put **mwya** before to mean most, e.g., **mwya cryf**=strongest.

Another alternative is to add **-ach, -a,** to mean **-er, -est**, e.g., **coch, cochach, cocha**=red, redder, reddest.

REMEMBER Adjectives in Welsh *follow* the noun,
e.g. :

> **y dyn da**=the good man
> **y ferch ddrwg**=the naughty girl

MUTATIONS IN WELSH

Don't worry too much about these: there are numerous rules, but there's no need to keep to any of them in order to be understood. Nevertheless, it's handy to know them, once your Welsh is getting on well. <u>Changes occur to the first letter of words.</u>

SOFT Mutation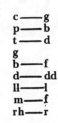

c —— g
p —— b
t —— d
g
b —— f
d —— dd
ll —— l
m —— f
rh —— r

NASAL Mutation

c —— ngh
p —— mh
t —— nh
g —— ng
b —— m
d —— n

SPIRANT Mutation

c —— ch
p —— ph
t —— th

Some rules:
1. Feminine nouns after "the" (except ll, rh).
2. After **dau** or **dwy**.
3. After most prepositions (**am, ar, at, gan heb, i, o, dan, dros, trwy, wrth, hyd**).
4. Adjectives after feminine single nouns.
5. Adjectives after **yn**
6. After **mor** (as).
You may spot others, of course.
e.g., mother=**mam**, the mother=**y fam**,
    penny=**ceiniog**, 2 pence=**dwy geiniog**.

Some rules:
1. After **fy** (my)
2. Place name or noun after **yn** (in).
e.g., **yng Nghaerdydd**=in Cardiff;
    fy nhad=my father.

1. After **tri** or **chwe** (3 or 6).
2. After **a** (and, or with).
3. After **ei** (her).
e.g., **tri char**=three cars; **a thŷ**=and a house

THE WELSH SENTENCE

1 PRESENT TENSE
Rydw i'n mynd—I am going
Mae e'n mynd—He is going
Mae hi'n mynd—She is going
Rydyn ni'n mynd—We are going
Rydych chi'n mynd—You are going
Mae nhw'n mynd—They are going
    or **Maen nhw'n mynd**—They are going
Mae'r plant yn mynd—The children are going

Questions:
Ydw i'n mynd? —Am I going?
Ydy e'n mynd? —Is he going?
Ydy hi'n mynd? —Is she going?
Ydyn ni'n mynd? —Are we going?
Ydych chi'n mynd? —Are you going?
Ydy nhw'n mynd? —Are they going?
Ydy'r plant yn mynd? —Are the children going?

Yes	No
Ydw (Yes, I am)	**Na**
Ydy (Yes, he is)	**Na**
Ydy (Yes, she is)	**Na**
Ydyn (Yes, we are)	**Na**
Ydych (Yes, you are)	**Na**
Ydyn (Yes, they are)	**Na**
Ydyn (Yes, they are)	**Na**

2 PAST TENSE (Using "has")
Exactly the same as the present, but with **wedi** instead of 'n or yn, e.g. :
Rydw i wedi mynd—I have gone
Ydy e wedi mynd? —Has he gone?
Ydy (Yes, he has). **Na** (No)

3 PAST TENSE (Using "was")
Roeddwn i'n mynd — I was going
Roedd e'n mynd — He was going
Roedd hi'n mynd — She was going
Roedden ni'n mynd — We were going
Roeddech chi'n mynd — You were going
Roedden nhw'n mynd — They were going
Roedd y plant yn mynd — The children were going

Questions:
Oeddwn i'n mynd? — Was I going?
Oedd e'n mynd? — Was he going?
Oedd hi'n mynd? — Was she going?
Oedden ni'n mynd? — Were we going?
Oeddech chi'n mynd? — Were you going?
Oedden nhw'n mynd? — Were they going?
Oedd y bachgen yn mynd? — Was the boy going?

Yes	No
Oeddwn (Yes, I was)	**Na**
Oedd (Yes, he was)	**Na**
Oedd (Yes, she was)	**Na**
Oedden etc	**Na**
Oeddech	**Na**
Oedden	**Na**
Oedd	**Na**

4 PAST TENSE (Using "had")

Exactly the same as the past using "was", except use
wedi instead of n or yn,
e.g.
Roeddwn i wedi mynd — I had gone
Oedd e wedi mynd — Had he gone?
Oedd (Yes, he had)   Na (No)

OTHER EXAMPLES :

It is fine = Mae hi'n braf
It was fine = Roedd hi'n braf
They were good = Roedden nhw'n dda

NOTE : No yn needed with prepositions, e.g.,
It is ond the table = Mae e ar y bwrdd;
They were in the car = Roedden nhw yn y car.
(The yn in this sentence means in.)

5 FUTURE TENSE

Bydda i'n mynd — I will go
Bydd e'n mynd — He'll go
Bydd hi'n mynd — She'll go
Byddwn ni'n mynd — We'll go
Byddwch chi'n mynd — You'll go
Byddan nhw'n mynd — They'll go
Bydd y merched yn mynd — The girls will go

Questions	Yes	No
Bydda i'n mynd? — Will I go?	Bydda	Na
Bydd e'n mynd? — Will he go?	Bydd	Na etc...

SOMETIMES, f is used instead of b in questions, and
other forms of the future, e.g. :
Fydda i'n mynd? — Will I go?
ALSO, the two letters fe (having no meaning at all)
are sometimes put before fydda i, so Fe fydda i =
I will. No need to learn this, but it's handy to know
if you come across it.

DON'T FORGET, as mentioned before, that there is
no yn or n with phrases like "on the table", "in the
farms", etc. :
Bydda i ar y fferm — I'll be on the farm
Mae nhw wrth y dafarn — They are by the pub

NEGATIVE

(How to say "I'm not", "I wasn't", "I won't", etc).
Just put **DDIM** before yn or n. Thus :

1 FUTURE :
Bydda i ddim yn mynd — I won't go
Bydd e ddim yn mynd — He won't go,   etc . . .

2 PAST :
Here also, just put **DDIM** before yn, but also,
replace first **R** by **D** —
Doeddwn i ddim yn mynd — I wasn't going
Doedd e ddim yn mynd — He wasn't going
Doedd hi ddim yn mynd — She wasn't going   etc . .

3 PRESENT :
Again, put **DDIM** before yn, and **D** instead of **R** —
Dydw i ddim yn mynd — I'm not going
Dydy e ddim yn mynd — He's not going
Dydy hi ddim yn mynd — She's not going
Dydyn ni ddim yn mynd — We're not going
Dydych chi ddim yn mynd — You're not going
Dydyn nhw ddim yn mynd — They're not going

NOTE : "There isn't", "There isn't any", "There
aren't" = **DOES DIM**, e.g. :
There are no girls here — **Does dim merched yma.**

YOU : all through this book — **CHI**. When families
talk together, or close friends, they sometimes use
TI: You are — **Rydwyt ti**; Are you — **Ydwyt ti?** ;
You were — **Roeddet ti**; Were you? — **Oeddet ti?** ;
Were you? — **Oeddet ti?** ; Will you? — **Byddi di?**
Once again, no need to learn this, but it's worth
recognising it.

PREPOSITIONS

Some phrases in Welsh use prepositions, where English doesn't — e.g. we say "I'm thirsty" either as **Rydw i'n sychedig**, or, **Mae syched arna i**. (There is a thirst on me). Note therefore:

ar — on	am — for
arna i — on me	amdana i
arno fe — on him	amdano fe
arni hi — on her	amdani hi
arnon ni — on us	amdanon ni
arnoch chi — on you	amdanoch chi
arnyn nhw — on them	amdanyn nhw
ar y dyn — on the man	am y dyn

dros — over	i — to
droso i	i fi
drosto fe	iddo fe
drosti hi	iddi hi
droson ni	i ni
drosoch chi	i chi
drostyn nhw	iddyn nhw
dros y dyn	i'r dyn

SOME PHRASES USING THESE :

1. I must — **Mae rhaid i fi.** Therefore, You must = **Mae rhaid i chi**; They must = **Mae rhaid iddyn nhw.** This phrase is followed by soft mutation (but forget this if it's too much for you): I must go = **Mae rhaid i fi fynd.**

2. I'm hungry — **Mae eisiau bwyd arna i.** (Or, of course, simpler, **Rydw i eisiau bwyd.**) (eisiau = want).

3. I've got a cold — **Mae annwyd arna i.** (Or, simpler, **Mae annwyd 'da fi**).

4. I want — **Mae eisiau . . . arna i.** I want a coat = **Mae eisiau cot arna i.** (Or simpler : **Rydw i eisiau cot**).

5. To look after me — **Gofalu amdana i.** He looks after her = **Mae e'n gofalu amdani hi.**

YOU SEE FROM these examples that sometimes in Welsh you can say things in more than one way: better always to choose the simplest, of course.

Geirfa CYMRAEG-SAESNEG

WELSH–ENGLISH Vocabulary

WHEN USING THIS VOCABULARY, REMEMBER:

1. The Welsh word may be mutated (see page 62). Look up the original sound.
2. Some letters in Welsh seem to be in a different order from English, because **ch, dd, ff, ng, ll, ph, rh, th** are single letters. Look up the words in the order of the Welsh alphabet: **a b c ch d dd e f ff g ng h i l ll m n o p ph r rh s t th u w y**.
3. **m.**=masculine; **f.**=feminine. Plural of nouns is put in brackets, e.g., **ysgol** (f.-ion)–school: schools=**ysgolion**.

A

a–and
â–with
aber–mouth of river
ac ati–and so on
actio–to act
actor (m.-ion)–actor
achos (m.-ion)–cause; achos da –a good cause
adeg (f.-au)–period
adeilad (m.-au)–building
adeiladu–to build
aderyn (m.adar)–bird
adfail (m.adfeilion)–ruin
adnabod–to know, recognise
adre (f.)–homewards, home
addo–to promise
afal (m.-au)–apple
afon (f.-ydd)–river
agor–to open; ar agor–open
agored–open
agos–near
anghofio–to forget
alaw (f.-on)–tune, melody
am–for
amgueddfa (f.amgueddfeydd)– museum
amser (m. au)–time
anfon–to send
anffodus–unfortunate
anifail (m.anifeiliaid)–animal

annwyl—dear
anodd—difficult
anrheg (f.-ion)—gift
annwyd (m.-au)—chill
ar—on
araf—slow
arbennig—special
ardderchog—excellent
arian (m.)—money
aros—to wait
asgwrn (m.esgyrn)—bone
at—to, towards
atal—to stop
ateb (m.-ion)—answer
ateb—to answer
athro (m.athrawon)—teacher
aur—gold
awr (f.oriau)—hour
awyr (f.)—sky
awyren (f.-nau)—aeroplane

B

baban (m.-od)—baby
bach—small
bachgen (m.bechgyn)—boy
balch—proud, pleased
banc (m.-iau)—bank
bar (m.-rau)—bar
bara (m.)—bread; bara lawr—
laver bread; bara menyn—
bread & butter
bardd (m.beirdd)—poet
bargen (f.bargeinion)—bargain

basged (f.-i)—basket
baw (m.)—dirt
berwi—to boil
beth?—what?
beudy (m.beudai)—cowshed
blaen (m.)—front; o'r blaen—
before (in time); o flaen—in
front of; yn y blaen—in the
front
blanced (m.-i)—blanket
blas (m.-au)—taste
blawd (m.)—flour
ble?—where?
blin—tiresome; mae'n flin 'da fi
—I'm sorry
blinedig—tired
blino—to get tired; wedi blino—
tired
blodyn (m.blodau)—flower
blows—blouse
blwyddyn (f.blynyddoedd)—year
bod—to be; that
bodlon—contented, pleased,
willing
bolheulo—to sunbathe
bore (m.-au)—morning
brawd (m.brodyr)—brother
brêc (m.-iau)—brake
brecwast (m.-au)—breakfast
bresychen (f.bresych)—cabbage
brethyn (m.-nau)—tweed
brigâd (f.-au)—brigade; brigâd
dân—fire brigade

bron (f.-nau)—breast
bronglwm (m.bronglymau)—bra
brown—brown
brwnt—birty
bryn (m.-iau)—hill
brysio—to hasten
buwch (f.buchod)—cow
bwced (m.-i)—bucket
bwrdd (m.byrddau)—table
bwrw eira—to snow
bwrw glaw—to rain
bws (m.bysus)—bus
bwthyn (m.-nod)—cottage ˅
bwydlen (f.-ni)—menu
bwyta—to eat
byd (m.-oedd)—world
bydd e—he will (see grammar
for full verb form)
byr—short
bys (m.-edd)—finger
byw—to live

C

cacen (f.-nau)—cake
cadair (f.cadeiriau)—chair
cadw—to keep
cae (m.-au)—field
caead (m.)—lid
cael—to have
caer (f.ceyrydd)—fort
caled—hard, difficult
calon (f.-nau)—heart

cam – bent
cam (m.-au) – step
cân (f.-euon) – song
cannwyll (f.canhwyllau) – candle
canhwyllbren (m.canwyllbren-
    nau) – candlestick
canol – middle
canrif (f.-oedd) – century
cant (m.cannoedd) – hundred
canu – to sing
canwr (m.cantorion) – singer
capel (m.-i) – chapel
car (m.ceir) – car
carchar (m.-au) – jail
carden (f.cardiau) – card
caredig – kind
cariad (m.-on) – sweetheart, love
cario – to carry
carreg (f.cerrig) – stone
cartref (m.-i) – home
cas – nasty
casau – hate
casglu – to collect
castell (m.cestyll) – castle
cath (f.-od) – cat
cau – to close
cawl (m.) – soup, mess
caws (m.) – cheese
ceffyl (m.-au) – horse
ceg (m.-au) – mouth
cegin (f.-au) – kitchen
ceiliog (m.-od) – cockerel
ceiniog (f.-au) – penny
celfi – furniture

Celtaidd – Celtic
cenedl (f.cenhedloedd) – nation
cenedlaethol – national
cerdyn (m.cardiau) – card
cerdded – to walk
cês (m.-us) – case
ci (m.cwn) – dog
cicio – to kick
cig (m.-oedd) – meat
cinio (m.ciniawau) – dinner,
    lunch
clawdd (m.cloddiau) – hedge
clefyd (m.-au) – illness
clir – clear
cloc (m.-iau) – clock
cloch (f.clychau) – bell
cloff – lame
cludo – to carry, give a lift to,
    to transport
clust (f.-iau) – ear
clustog (f.-au) – pillow
clwyf (m.-au) – wound, disease
clywed – to hear
coch – red
codi – to raise, to get up
coeden (f.coed) – tree
coes (f.-au) – leg
cofio – to remember
coffi – coffee
coginio – to cook
colli – to lose
copa (f.-on) – summit
costio – to cost

cot (f.-iau) – coat
craig (f.creigiau) – rock
credu – to believe
crefft (f.-au) – craft
crochenwaith (m.) – pottery
croen (m.crwyn) – skin
croes (f.-au) – cross
croesi – to cross
croeso (m.) – welcome
cryf – strong
crys (m.-au) – shirt
curo – to beat
cusanu – to kiss
cwch (m.cychod) – boat
cwestiwn (m.-au) – question
cwis – quiz
cwm (m.cymoedd) – valley
cwmni (m.-oedd) – company
cwmwl (m.cymylau) – cloud
cwpan (m/f.-au) – cup
cwpwrdd (m.cypyrddau) – cup-
    board
cwrw (m.) – beer
cwsmer (m.-iaid) – customer
cwympo – to fall
cychwyn – to start
cyflym – fast
cyfoethog – rich
cyfri – to count
cyngerdd (m/f.cyngherddau) –
    concert
cyhoeddus – public
cyllell (f.cyllyll) – knife

cymdeithas (f.-au) – society
Cymdeithas yr Iaith Gymraeg –
  Welsh Language Society
Cymraeg (f.) – Welsh (language)
Cymraes (f.Cymreigesau) –
  Welsh woman
Cymreig – Welsh (apart from
  language)
Cymro (m.Cymry) – Welshman
Cymru – Wales
cymryd – take
cymysgu – to mix
cyn – before
cynnar – early
cynnes – warm
cynnig – to suggest
cyntaf – first
cyrraedd – to reach
cysgu – to sleep
cysurus – comfortable
cytuno – to agree
cythrel (m.cythreuliaid) – devil;
  Cer i'r cythrel – Go to the...
cyw (m.-ion) – chicken

CH

chi – you
chwaer (f.chwiorydd) – sister
chwarae – to play
chwaraewr (m.chwaraewyr) –
  player
chwarter (m.-i) – quarter

chwerthin – to laugh
chweugen (m.) – 50p
chwith – left

D

'da – with
da – good
dafad (f.defaid) – sheep
daear (f.-oedd) – earth, land
dal – to catch
dangos – to show
dan – under, below
darganfod – to find
darlun (m.-iau) – picture
darllen – to read
darn (m.-au) – piece
dathlu – to celebrate
dawns (f.-feydd) – dance
dawnsio – to dance
de (m.) – south
de – right (side); ar y dde – on
  the right
deall – to understand
dechrau – to start
deffro – to awake
denu – to attract
derbyn – to receive
dewch! – come!; dewch â...! –
  bring...!
dewis – to choose
diawl (m.-ed) – devil
diddorol – interesting

diferyn (m.diferion) – drop (of
  fluid)
digon – enough
dillad (m.) – clothes
dim – no, nothing; dim byd –
  nothing; dim ots – no matter
dime (f.-iau) – ½p
dinas (f.-oedd) – city
diod (f.-ydd) – drink
diolch (m.-iadau) – thanks
dirwy (f.-on) – fine (in court)
disgwyl – to expect
diwedd (m.) – end
diwethaf – last
dod – to come
dod â – to bring
dodi – to put
dodrefn (m.) – furniture
drama (f.-u) – drama
dringo – to climb
dros – over
drud – expensive
drwg – bad, evil, naughty
drws (m.drysau) – door
drwy – through
drych (m.-au) – mirror
du – black
dwbwl – double
dweud – to say
dŵr (m.) – water
dwsin – dozen
dwyrain – east
dwywaith – twice

71

dy –your
dychwelyd –to return
dydd (m.-iau) –day
dymuniad (m.-au) –wish
dymuno –to wish
dyn (m.-ion) –man
dysgl (f.-au) –dish
dysgu –to teach, to learn
dyweddio –to be engaged

E

e –he, it
ebol (m.-ion) –foal
edrych –to look
edrych ar –to look at
efallai –perhaps
eglwys (f.-i) –church
yr Eidal –Italy
eidion –beef
eiliad (m/f.-au) –second
eillio –to shave
ei –his
eich –your
ein –our
eira (m.) –snow; bwrw eira –to
  snow
eistedd –to sit
eleni –this year
ennill –to win
enw (m.-au) –name
enwog –famous
eog (m.-iaid) –salmon

esgid (f.-iau) –shoe
eto –again
eu –their
ewch! –go!; ewch â! –take...!
ewythr (m.-edd) –uncle
ewyn (m.) –froth, foam

F

faint –how much; faint o –how
  many
fe –he, him
fi –me; fy –my

FF

ffair (f.ffeiriau) –fair
ffatri (f.-oedd) –factory
ffedog (f.-au) –apron
ffenestr (f.-i) –window
fferm (f.-ydd) –farm
ffermdy (m.ffermdai) –farmhouse
ffermwr (m.ffermwyr) –farmer
fferyllydd (m.fferyllwyr) –
  chemist
ffilm (f.-iau) –film
ffodus –fortunate
ffôl –foolish
ffôn, teliffon –telephone
ffonio –to phone
fforc (f.ffyrc) –fork
ffordd (f.ffyrdd) –way
fforest (f.-ydd) –forest

ffrio –to fry, to quarrel
ffrog (f.-iau) –frock
ffrwyth (m.-au) –fruit
ffwrdd, i ffwrdd –away
ffwrn (f.ffyrnau) –oven, stove

G

gadael –to leave
gaeaf (m.-au) –winter
gair (m.geiriau) –word
galw –to call
galwyn (m.-i) –gallon
gallu –to be able to
gan –by
ganddi hi –with her
ganddo fe –with him
ganddyn nhw –with them
gardd (f.gerddi) –garden
gartre (f.) –at home
gât (m.-iau) –gate
gêm (f.-au) –game
gen i –with me
gennych chi –with you
gennyn ni –with us
ger –near, by
gêr (m.) –gear
glân –clean
glan y môr –sea-side
glas –blue
glaswellt –grass
glaw (m.-ogydd) –rain
glo (m.) –coal

gloi—fast, quick
gobaith (m.gobeithion)—hope
gobeithio—to hope
godro—to milk
gofal (m.-on)—care
gofalu—to care, look after
gofalwr (m.gofalwyr)—keeper
gofyn—to ask
gogledd (m.)—north
golau—light
golchi—to wash
golygfa (f.golygfeydd)—scenery
gorau—best
gorffen—to finish
gorffwys—to rest
gorllewin (m.)—west
gormod—too much
gorsaf (f.-oedd)—station
gorwedd—to lie down
grat (m.-iau)—grate
grawnwin—grapes
grefi (m.)—gravy
gris (m.-iau)—step
gwaeth—worse
gwag—empty
gwahoddiad (m.-au)—invitation
gwaith (m.gweithiau/gweith-
   feydd)—work
gwallgo—mad
gwallt (m.-au)—hair
gwan—weak
gwanwyn (m.)—spring
gwario—to spend

gwau—to knit
gwartheg (m.)—cattle
gwddf (f.gyddfau)—neck
gweddol—fair, fairly
gweithio—to work
gweld—to see
gwely (m.-au)—bed
gwell—better
gwella—to recover, make better
gwên (f.-au)—smile
gwen—white
gwenu—to smile
gwersyll (m.-oedd)—camp
gwersylla—to camp
gwerth (m.-oedd)—value; ar
   werth—for sale
gwerthiant (m.gwerthiannau)—
   sale
gwerthu—to sell
gwesty (m.gwestai)—hotel
gwin (m.-oedd)—wine
gwir—true
gwir (m.)—truth
gwisg (f.-oedd)—dress
gwisgo—to wear, to dress
gwlad (f.gwledydd)—country
gwladgarol—patriotic
gwlân (m.)—wool
gwlyb—wet
gwlychu—to wet, to get wet
gwneud—to do, to make
gŵr (m.gwŷr)—man, husband
gwraig (f.gwragedd)—wife,
   woman

gwrando—listen
gwybod—to know
gwydryn (m.gwydrau)—glass
gŵyl (f.-iau)—holiday
gwylio—to watch
gwyn—white
gwynt (m.-oedd)—wind
gwyrdd—green
gyd, i gyd—all
gyda—with
gyntaf, yn gyntaf—first
gyrru—to drive

H

haearn (m.heyrn)—iron
haf (m.-au)—summer
halen (m.)—salt
hanner (m.haneri)—half
hapus—happy
hardd—beautiful
haul (m.heuliau)—sun
hawdd—easy
heb—without
heblaw—except
hedfan—to fly
heddiw—today
helpu—to help
hen—old
heno—tonight
heol (f.-ydd)—road
het (f.-iau)—hat
hi—she, her, it

73

hir—long
hoffi—to like (to)
holl—all
hon (f.)—this, this one
hosan (f.-nau)—sock
hufen (m.)—cream
hun (hunain)—-self, -selves
hwn (m.)—this, this one
hwyl (f.-iau)—fun, spirit; sail
hwylio—to sail
hwyr—late
hydref (m.)—autumn
hyfryd—lovely

I

i—to
iâ (m.)—ice
iach—healthy
iaith (f.ieithoedd)—language
iâr (f.ieir)—hen
iddi hi—to her
iddo fe—to him
iddyn nhw—to them
iechyd (m.)—health
ifanc—young
isel—low

J

jam (m.)—jam
jiw!—wel!

L

lan—up
lawr—down
lwcus—lucky

LL

llaeth (m.)—milk
llai—less
llais (m.lleisiau)—voice
llaw (f.dwylo)—hand
llawen—happy
llawer—many, a lot
llawn—full
llawr (m.lloriau)—floor
lle (m.llefydd)—place
llechen (f.llechi)—slate
lleiaf—smallest, least
llen (f.-ni)—curtain
llestr (m.-i)—dish
llety (m.)—lodging, B&B
lleuad (f)—moon
llifo—to flow
lliw (m.-iau)—colour
llo (m.-i)—calf
Lloegr—England
llofft (f.-ydd)—upstairs
llong (f.-au)—ship
llon—happy
llosgi—to burn
llun (m.-iau)—picture

llwy (f.-au)—spoon
llwybr (f.-au)—path
llwyd—grey
llydan—wide
llyfr (m.-au)—book
llygad (m.llygaid)—eye
llyn (m.-noedd)—lake
llynedd—last year
llys (m/f.-oedd)—court
llythyr (m.-au)—letter

M

mab (m.meibion)—son
mae—is, are, there is, there are
magu—to nurse
mam (f.-au)—mother
mamgu (f.)—grandmother
maneg (f.menyg)—glove
map (m.-iau)—map
marchnad (f.-oedd)—market
mawr—big
medd—says
medd (m.)—mead
meddw—drunk
meddwi—to get drunk
meddwl—to think
meddwyn (m.meddwon)—drunk-ard
meddyg (m.-on)—doctor
mefus—strawberries
mêl (m.)—honey
melyn—yellow

melys—sweet
menyn (m.)—butter
menyw (f.-od)—woman
merch (f.-ed)—girl
mil (f.-oedd)—thousand
milltir (f.-oedd)—mile
mis (m.-oedd)—month
mo—not, none of
mochyn (m.moch)—pig
modrwy (f.-on)—ring (wedding &c)
modryb (f.-edd)—aunt
modurdy (m.modurdai)—garage
mor—so *(with adj.)*
môr (m.-oedd)—sea
moron—carrots
moyn—to want
munud (m/f.-au)—minute
mwy—more
mwyaf—most
mwyn—gentle
mwynhau—to enjoy
mynd—to go
mynd â—to take
mynydd (m.-oedd)—mountain

N

nabod—to know (a person)
nawr—now
neges (f.-euon)—message
neidio—to jump
neis—nice

neithiwr—last night
nesaf—next
neuadd (f.-au)—hall; neuadd y dref—town hall
newid—to change
newydd—new
newyddion—news
nhw—they, them
ni—us, we
ni *(before verb)*—not
niwl (m.-oedd)—mist, fog
noeth—naked
nofio—to swim
nôl—to fetch
nos (f.)—night .
noson (f.nosweithiau)—evening
noswaith (f.nosweithiau)—evening
nwy (m.-on)—gas
nyrs (f.-us)—nurse

O

o—of, from
ochr (f.-au)—side
oer—cold
oergell (f.-oedd)—fridge
oeri—to cool, to get colder
oen (m.ŵyn)—lamb
oes (f.-au/-oedd)—age, period
ofnadwy—awful, terrible
offeryn (m.offer)—instrument, tool, tackle

ôl (m.-ion)—trace, remain; yn ôl —back(wards); ar ôl—after; tu ôl—behind
olaf—last
olew (m.)—oil
olwyn (f.-ion)—wheel
ond—but
os—if; os gwelwch yn dda— please
dim ots—no matter
owns (f.)—ounce

P

pa?—which?
pabell (f.pebyll)—tent
pacio—to pack
paentio—to paint
pafin (m.)—pavement
paid a...—don't...
pam?—why?
pannas—parsnips
pant (m.-au/-iau)—vale
papur (m.-au)—paper
papuro—to paper
paratoi—to prepare
parc (m.-iau)—park
parod (yn barod)—ready
pawb—everybody
pecyn (m.-nau)—packet
peidiwch—don't
peint (m.-iau)—pint
peiriant (m.peiriannau)— machine, engine

pêl (f.-i) —ball; pêl-droed —football
pell —far
pen (m.-nau) —head
pennod (f.penodau) —chapter
pentref (f.-i) —village
penwaig —herrings
persawr (m.-au) —perfume
pert —pretty
perth (f.-i) —hedge
peth (m.-au) —thing
Plaid Cymru —literally, the Party of Wales
plât (m.-iau) —plate
platfform (m.) —platform
plentyn (m.plant) —child
pobi —to bake
pobl (f.-oedd) —people
poced (m/f.-i) —pocket
poen (f.-au) —pain
poeni —to worry, to tease
poeth —hot
polyn (m.polion) —pole
pont (f.-ydd) —bridge
popeth —everything
porfa (f.porfeydd) —grass
pregeth (f.-au) —sermon
pregethu —to preach
pregethwr (m.pregethwyr) —preacher
priodas (f.-au) —marriage
priodfab (m.) —groom
priodferch (f.) —bride

priodi —to marry
pris (m.-iau) —price
pryd? —when?
pryd o fwyd —a meal
prydferth —beautiful
prynhawn (m.-au) —afternoon
prynu —to buy
prysur —busy
punt (f.punnoedd) —pound (£)
pwdin (m.) —pudding
pwy? —who?
pwys (m.-i) —pound (lb)
pwysig —important
pwyso —to press, to lean, to weigh
pysgodyn (m.pysgod) —fish
pysgota —to fish
pythefnos (f.-au) —fortnight

R

'r —the (after vowel)
record (m/f.-iau) —record
rŵan —now (North Wales)

RH

rhad —cheap
rhaff (f.-au) —rope
rhaglen (f.-ni) —programme
rhaid —must
rhaw (f.rhofiau) —spade
rhedeg —to run

rhegu —to swear
rhestr (f.-au) —list
rhieni —parents
rhif (m.-au) —number
rhifo —to count
rhiw (m/f.-iau) —hill, slope
rhodd (f.-ion) —gift
rhoddi —to give
rhoi —to give
rhosyn (m.-nau) —rose
Rhufain —Rome; Rhufeiniaid —Romans
rhwng —between
rhy —too
rhydd —free; Cymru Rydd! —Free Wales!
rhyddid (m.) —freedom
rhyw —some (adj.)
rhyw (f.-iau) —sex
rhywbeth (m.) —something
rhywle —somewhere
rhywun (m.rhywrai) —someone

S

Saesneg —English language
Saeson —Englishmen
saff —safe
Sais —Englishman
sâl —ill
salw —ugly
sanau —stockings, socks
sant (m.saint) —saint

sebon (m.)—soap
sefyll—to stand
Seisnig—English *(adjective, not the language)*
senedd (f.-au)—parliament
seremoni (f.-au)—ceremony
set (f.-i)—seat
set (f.-iau)—set
sgert (f.-iau)—skirt
sgôr (m.)—score
sgorio—to score
siarad—to talk
siec (m.-iau)—cheque
sigaret—cigarette
siglo—to shake
sinema (m.-u)—cinema
siop (f.-au)—shop
siopa—to shop
sir (f.-oedd)—county, shire
siwgr (m.)—sugar
siwr—sure
siwt (f.-iau)—suit
siwtio—to suit
soffa (f.)—sofa
stondin (f.-au)—stall
stori (f.-au)—story
storm (f.-ydd)—storm
streic (f.-iau)—strike; ar streic —on strike
stryd (f.-oedd)—street
sut?—how? what kind of? *(before nouns)*
y Swisdir—Switzerland

swllt (m.sylltau)—shilling
sŵn (m.-au)—noise, sound
swnllyd—noisy
swper (m.-au)—supper
swydd (f.-i)—job
swyddfa (f.swyddfeydd)—office; swyddfa'r heddlu—police station; swyddfa'r post—post office
sych—dry
syched (m.)—thirst; mae syched arnaf—I've got a thirst
sychu—to dry
symud—to move
syniad (m.-au)—idea

T

tad (m.-au)—father
tadcu (m.tadau cu)—grandfather
tafarn (f.-au)—pub
tai—houses
taflu—to throw
taith (f.teithiau)—journey
tal—tall
talu—to pay
tamaid (m.tameidiau)—bit, slice
tân—fire
tarw (m.teirw)—bull
taten (f.tatws)—potato
tawel—quiet
te (m.)—tea
tegell (m.-au)—kettle

tei (m.)—tie
teimlo—to feel
teisen (f.-nau/ni/nod)—cake
teithio—to travel
teledu (m.)—television
telyn (f.-nau)—harp
tenau—thin
teulu (m.-oedd)—family
tew—fat
tlawd—poor
tlws—pretty
tocyn (m.-nau)—ticket
tôn (f.-au)—tune
ton (f.-nau)—wave
torri—to cut, break
torth (f.-au)—loaf
tost—ill
tost (m.)—toast
traeth (m.-au)—beach
trafnidiaeth (f.)—traffic
traffig (m.)—traffic
trebl—treble
tref (f.-i)—town
trefnu—to arrange
trên (m.-au)—train
trist—sad
tro (m.-eon)—turn, bend; am dro —for a walk
troed (m.traed)—foot
troi—to turn
trons—nickers, pants
tros—over
trwm—heavy

trwser (m.-i)—trouser
trwy—through
trwyn (m.-au)—nose
trydan (m.)—electricity
tu (m.)—side; tu ôl—behind
twll (m.tyllau)—hole
twr (m.tyrau)—tower
twrci (m.-od)—turkey
twym—warm
tŷ (m.tai)—house
tyfu—to grow
tynnu—to pull
tywel (m.-ion)—towel
tywod (m.)—sand
tywydd (m.)—weather
tywyll—dark

U

uchaf—highest
uchel—high
uffern (f.)—hell
uffernol—hellish
ugain—twenty
un—one
unig—lonely
unwaith—once
uwch—higher
uwd (m.)—porridge

W

wal (m.-ydd)—wall

weithiau—sometimes
wrth—by, near
wy (m.-au)—egg; wy wedi'i
  ferwi—boiled egg; wy wedi'i
  ffrio—fried egg
wyneb (m.-au)—face
wynwns—onions
wythnos (f.-au)—week

Y

y—the *(before consonant)*
ychydig—a little, a few
ydy—is
yfed—to drink
yfory—tomorrow
yma—here
ymlaen—forwards, on
ymolchi—to wash (oneself)
ynad (m.-on)—magistrate
ynys (f.-oedd)—island
yr—the *(before vowel)*
ysbyty (m.ysbytai)—hospital
ysgafn—light
ysgol (f.-ion)—school, ladder
ysgrifennu—to write
ysgrifenyddes (f.-au)—(female)
  secretary
ysgrifennydd (m.-ion)—secretary
ystafell (f.-oedd)—room;
  ystafell wely—bedroom;
  ystafell fwyta—dining room;
  ystafell ymolchi—bathroom

SAESNEG· CYMRAEG

A

a—left out in Welsh
able—gallu (v.): galluog (a.); to be able to—
    gallu
above—uwch ben, dros
accept—derbyn
ache—poeni (v.); poen (f.) -au
accelerator—sbardun (m.)
accident—damwain (f.) -damweiniau
across—ar draws
act—actio (v.); act (f.) -au
actor—actor (m.) -ion; actores (f.) -au
address—cyfeiriad (m.) -au
aeroplane—awyren (f.) -nau
after—ar ôl; after all—wedi'r cyfan, wedi'r
    cwbwl
afternoon—prynhawn (m.)
again—eto; once again—unwaith eto
age—oed (m.)
agree—cytuno
all—pawb (everyone); i gyd—all the books—
    y llyfrau i gyd; all the way—yr holl ffordd
    all the time—yr holl amser; all right—iawn
    o'r.gorau (O.K.)
almost—bron
also—hefyd
always—o hyd, wastad, bob amser
ambulance—ambiwlans (m.)
and—a, ac (before vowels)
angry—cas
animal—anifail (m.) -anifeiliaid

answer—ateb (v.); ateb (m.) -ion
any—unrhyw; anyone—unrhywun; anything—
  unrhyw beth
apple—afal (m.) -au
apron—ffedog (f.) -au
arm—braich (f.) -breichiau
arrive—cyrraedd
ashtray—blwch llwch (m.) -blychau llwch
at—wrth (by); yn (in); at two o'clock—am
  ddau o'r gloch; at the table—wrth y bwrdd;
  at Aberystwyth—yn Aberystwyth; at all—
  o gwbl; at last—o'r diwedd; at the end— yn y
  diwedd; at the end of the road—arddiwedd yr
  heol; at home—gartre.
attract—denu
attractive—deniadol
aunt—modryb (f.) -edd
autumn—hydref (m.)
awake—deffro (v.); ar ddihun (ad.); effro (a.)
away—i ffwrdd
awful—ofnadwy; awfully good—ofnadwy o dda

B

baby—baban (m.) -od
back—cefn (m.) -au; cefnwr (rugby) (m.) -
  -cefnwyr; to go back—mynd nôl
bad—drwg
bag—bag (m.) -iau
bake—pobi
baker—pobydd (m.) -ion
ball—pêl (f.) -i
banana—bananau (m.) -u
band—band (m.) -iau

bank—banc (m.) -iau
bar—bar (m.) -rau
bargain—bargen (f.) -bargeinion
basket—basged (f.) -i
bath—bath (m.) -iau; cael bath (v.)
bathroom—stafell ymolchi
bathe—ymdrochi; bathing costume/suit
  —siwt nofio
battery—batri (m.)
be—bod
beach—traeth (m.) -au
beans—ffa
beautiful—prydferth, pert
bed—gwely (m.) -au; to go to bed—mynd i'r
  gwely; single bed—gwely sengl; double
  bed—gwely dwbwl
bedroom—ystafell wely (f.) -oedd gwely
beef—cig eidion (m.)
beer—cwrw (m.) -au
before—cyn; before dinner—cyn cinio;
  before long—cyn hir; before (never seen
  him)—o'r blaen
behind—tu ôl; pen-ôl (m.) -au
believe—credu
bell—cloch (f.) -clychau
belly—bola, bol (m.) -bolâu
below—dan, o dan
belt—gwregys (m.) -au
bend—tro (m.) -eon; troi (v.); plygu (v.)
bent—cam
best—gorau; the best bitter—y cwrw chwerw
  gorau
better—gwell; to get better—gwella
between—rhwng
big—mawr
bill—bil (m.) -iau

bird—aderyn (m.) -adar
biscuit—bisgedyn (m.) -bisgedi
black—du
blanket—blanced (f.) -i
bleed—gwaedu
blood—gwaed (m.)
blouse—blows (m.)
blue—glas
boat—cwch (m.) -cychod
body—corff (m.) -cyrff
boil—berwi; boiled egg—wy wedi'i ferwi
bone—asgwrn (m.) -esgyrn
bonnet—bonet (m.)
book—llyfr (m.) -au
book-shop—siop lyfrau (f.)
boot—cist (f.) -iau
bottle—potel (f.) -i
bowls—bowls
boy—bachgen (m.) -bechgyn
bra—bronglwm (m.) -bronglymau
brake—brecio; arafu
break—torri; break-down—torri i lawr
bread—bara (m.); bread and butter—bara
  menyn
breakfast—brecwast (m.) -au
breast—bron (f.) -nau
bridge—pont (f.) -ydd
brigade—brigâd (f.); fire brigade—brigâd dân;
  peiriant tân—fire engine
bring—dod â
broad—llydan
brother—brawd (m.) -brodyr
brown—brown
brush—brwsh (m.) -ys
bucket—bwced (m.) -i
build—adeiladu

building—adeilad (m.) -au
bulb—bylb (m.) -iau
burn—llosgi (v.)
bus—bws (m.) -ys
busy—prysur
but—ond
butcher—cigydd (m.)
butter—menyn (m.)
button—botwm (m.) -botymau
buy—prynu
by—gan; wrth (near); by the house—wrth y tŷ; by Gwynfor Evans—gan Gwynfor Evans; pass by—mynd heibio; by now—erbyn hyn

C

cabbage—bresychen (f.) -bresych
cake—teisen (f.) -nod
calendar—calendr (m.) -au
camera—camera (m.) -camerâu
camp—gwersyll (m.) -oedd; gwersylla (v.)
candle—cannwyll (f.) -canhwyllau
car—car (m.) -ceir
cap—cap (m.) -iau
caravan—carafan (f.) -nau
card—cerdyn (m.); carden (f.) -cardiau; post-card—cerdyn post
care—gofal (m.) -on; gofalu (v.)
carrots—moron
carry—cario
case—cês (m.) -ys
castle—cestyll (m.) -cestyll

cat—cath (f.) -od
catch—dal
cathedral—eglwys gadeiriol (f.) -i cadeiriol
cauliflower—blodfresychen (f.) -blodfresych
cause—achos (m.) -ion; good cause—achos da
celebrate—dathlu
celebration—dathliad (m.) -au
Celtic—Celtaidd
century—canrif (f.) -oedd
ceremony—seremoni (f.) -au
chair—cadair (f.) -cadeiriau
change—newid (v.), newid (m.) iadau
chapel—capel (m.) -i
cheap-rhad
cheek—boch (f.) -au
cheese—caws (m.)
chemist—fferyllydd (m.) -fferyllwyr
cheque—siec (m.) -iau
chest—breast (f.)
chicken—cyw (m.) -ion
child—plentyn (m.) -plant
chill—annwyd (m.) -au: I've got a chill—Mae annwyd arna i
chin—gên (f.) -au
chocolate—siocled (m.) -i
choice—dewis (m.)
choir—côr (m.) -au
choose—dewis
chop—golwyth (m.) -ion
Christmas—Y Nadolig (m.)
church—eglwys (f.) -i
cider—seidir (f.)
cigar—sigâr (f.) -au
cigarette—sigarèt (f) -au
cinema—sinema (f.) -ˆu
city—dinas (f.) -oedd

clean—glân
clear—clir (a.), clirio (v.)
cliff—clogwyn (f.) -i
climb—dringo
clock—cloc (m.) -iau
close—cau (v.); agos (a.); closed—ar gau
clothes—dillad; table-cloth—lliain bwrdd (m.)
cloud—cwmwl (m.) -cymylau
clutch—gafaelydd (m.)
coach—bws (m.) -ys
coal—glo (m.)
coast—arfordir (m.) -oedd
coat—cot (f.) -iau; rain coat—cot law; overcoat—cot fawr
cobbler—crydd (m.)
cockerel—ceiliog (m.) -od
coffee—coffi (m.)
cold—annwyd (m.); oer (a.); get colder—oeri; he has a cold—mae annwyd arno fe
collect—casglu.
collection—casgliad (m.) -au
company—cwmni (m.) -au
come—dod; come here!—dewch yma!
comfortable—cysurus
compete—cystadlu
competition—cystadleuaeth (f.) -cystadleuthau
conductor—arweinydd (m.) -ion (of a choir); tocynnwr (m.) -tocynwyr (of a bus)
contented—bodlon
contraceptives—clecrwystrwyr
cook—coginio (v.); cogydd (m.); cogyddes (f.)
cost—costio (v.); cost (f.) -au
cottage—bwthyn (m.) -nod
cough—peswch
count—cyfri
country—gwlad (f.) -gwledydd

county—sir (f.) -oedd
course—cwrs (m.) -cyrsiau
court—llys (m.) -oedd; caru (v.)
cow—buwch (f.) -buchod
cowshed—beudy (m.) -beudai
craft—crefft (f.) -au
cream—hufen (m.)
cross—croesi (v.); croes (f.) -au; cas (a.)
crossing—croesfan (f.) -nau
crown—coron (f.) -au
cup—cwpan (m.) -au; egg cups—cwpanau ŵy
cupboard—cwpwrdd (m.) -cypyrddau
curtain—llen (f.) -ni
custard—cwstard (m.)
customer—cwsmer (m.) -iaid
cut—torri (v.); cwt (m.)

D

dance—dawnsio (v.); dawns (f.) -feydd
danger—perygl (m.) -on
dark—tywyll
darts—picellau
daughter—merch (f.) -ed
day—dydd (m.) -iau
dear—annwyl
dear (expensive)—drud
defeat—curo (v.); curfa (f.)
depart—ymadael
deposit—ernes (f.)
devil—diawl (m.) -ed
dictionary—geiriadur (m.)
difficult—anodd, caled

dining room—ystafell fwyta
dinner—cinio (m.) -ciniawau
dirt—baw (m.)
dirty—brwnt
disease—haint (m.) -heintiau
dish—dysgl (f.); plat (m.) -iau
do-gwneud
doctor—meddyg (m.) -on
dog—ci (m.) -cwn
don't—peidiwch; paid (to someone you know well)
door—drws (m.) -drysau
double—dwbwl
dozen—dwsin (m.) -au
drama—dramâ (f.) -^u
dress—gwisg (f.) -oedd; gwisgo (v.)
drink—yfed (v.); diod (f.)
drive—gyrru
driver—gyrrwr (m.) -gyrwyr
drop—diferyn (m.) -diferion; gollwng (v.)
drunk—meddw
drunkard—meddwyn (m.) -meddwon
dry—sych
dust—llwch (m.)

E

each—pob; each one—pobun; 6p each—chwe cheiniog yr un
ear—clust (f.) -iau
early—cynnar
earth—daear (f.); pridd (m.) (soil)
east—dwyrain (m.)

Easter—Y Pasg (m.)
easy—hawdd
eat—bwyta
egg—ŵy (m.) -au
elbow—penelin (m.) -oedd
electricity—trydan (m.); electricity board—bwrdd trydan
empty—gwag
end—diwedd (m.)
engage—dyweddio (to be married)
engine—peiriant (m.) -peiriannau
England—Lloegr (f.)
English (language)—Saesneg (f.)
English—Seisnig
Englishman—Sais (m.) -Saeson: down with the English—twll tin pob Sais
enjoy—mwynhau
enough—digon; enough food—digon o fwyd enough beer—digon o gwrw
enquiries—Ymhoniadau
entrance—mynediad (m.) -au
envelope—amlen (f.) -ni
evening—noson (f.); noswaith (f.) -nosweithiau good evening—noswaith dda; this evening, tonight—heno
everyone—pawb, pobun; ever—byth; Wales for ever—Cymru am byth
everything—popeth
evil—drwg
excellent—ardderchog
except—heblaw
exhaust—blino (v.); carthbib (f.) (pipe)
exit—allan
expect—disgwyl
expensive—drud
eye—llygad (m.) -llygaid

F

face—wyneb (m.) -au
fair—teg (a.); ffair (f.) -ffeiriau; fair play—chwarae teg
fall—cwympo, syrthio
far—pell
fare—pris (m.) -iau
farm—fferm (f.) -ydd
fast—cyflym
fat—tew
father—tad (m.) -au
fear—ofn (m.) -au; I'm afraid—Mae ofn arna i/ rydw i'n ofni
feel—teimlo
fetch—nôl
fever—gwres (m.)
few—ychydig
field—cae (m.) -au
fill—llanw (m.)
film—ffilm (f.) -iau
find—darganfod *(discover)*; dod o hyd i; ffeindio
fine—braf (a.); dirwy (f.) -on
finger—bys (m.) -edd
finish—gorffen
first—cyntaf (a.); yn gyntaf (ad.)
fish—pysgodyn (m.) -pysgod; pysgota (v.)
floor—llawr (m.) -lloriau
flow—llifo
flower—blodyn (m.) -blodau
fog—niwl (m.) -oedd

foggy—niwlog
food—bwyd (m.) -ydd
foot—troed (f.) -traed
fork—fforc (f.) -ffyrc
forest—coedwig (f.) -oedd; fforest (f.) -ydd
fort—caer (f.) -au
fortnight—pythefnos (m.) -au
fortunate—ffodus
forwards—ymlaen
France—Ffrainc
free—rhad, am ddim *(for nothing)*; rhydd, Cymru rydd—free Wales
freedom—rhyddid (m.)
fresh—ffresh
fridge—oergell (f.) -oedd
frock—ffrog (f.) -iau
front—blaen; in front of—o flaen; in the front—yn y blaen
fruit—ffrwyth (m.) -au; fruit shop—siop ffrwythau
fry—ffrio; fried egg—ŵy wedi'i ffrio
fuck—cnychu (v.); cnych (m.)
full—llawn
fun—hwyl (f.) -iau
furniture—celficyn (m.) -celfi (celfi usually used)

G

gallery—oriel (f.) -au
gallon—galwyn (m.) -i
garage—modurdy (m.) -au; garej
garden—gardd (f.) -gerddi
garment—dilledyn (m.) -dillad

gas—nwy (m.) -on
gate—gât (m.) -iau
gear—gêr (m.) -iau
gents—dynion
Germany—yr Almaen
get—cael; get married—priodi; get up—codi
    get on (bus)—mynd ar; get off (clothes—dadwisgo
gift—rhodd (f.) -ion
girl—merch (f.) -ed
give—rhoi
glad—balch
glass—gwydryn (m.) -gwydrau
glove—maneg (f.) -menig
go—mynd; go for a walk—mynd am dro
golf—golff (m.)
gone—wedi mynd
gold—aur
good—da
good-bye—hwyl! ; hwyl fawr! Da boch!
got—gyda, 'da (I've got a car—mae car gyda fi), gan
grandfather—tad-cu (m.)
grandmother—mam-gu (f.)
grapes—grawnwin (plural)
grass—glaswelltyn (m.) -glaswellt (glaswellt usuall used)
grate—grat (m.) -iau
gravy—grefi (m.)
great—mawr
great!—gwych!
green—gwyrdd
grey—llwyd
grocer—groser (m.)
grow—tyfu
guard—gwarchod (v.); gard (m.)

H

hair—gwallt (plural)
hair dresser—trinydd gwallt (m.) -ion gwallt
half—hanner (m.); hanerwr (in football)
   first half—hanner cyntaf; second half—
   ail hanner; half cut—hanner caib
halfpenny—dime (f.) -iau
hall—neuadd (f.) -au; town hall—neuadd y dre
ham—ham (m.)
hand—llaw (f.) -dwylo
hand bag—bag llaw (m.) -iau llaw
handkerchief—hances (f.); neisied (f.) -i
handle—dolen (f.) -ni
happy—hapus
hard—caled
harp—telyn (f.) -au
hasten—brysio
hat—het (f.) ;iau
hate—casäu
have—cael (v.)
he—e; fe
head—pen (m.) -au
health—iechyd (m.); good health—iechyd da
healthy—iach
hear—clywed
heart—calon (f.) -nau
heat—gwres (m.)
heater—gwresogydd (m.) -ion
heavy—trwm
hedge—perth (f.) -i
hell—uffern (f.); hell's bells! —uffern dân!
   (lit. hell's fire)

hellish—uffernol (used for awful)
help—helpu (v.); help (m.)
hen—iâr (f.) -eir
her—hi (pr.); ei (her bag)
here—yma
herrings—penwaig (plural)
high—uchel
higher—uwch
highest—ucha
hike—cerdded, heicio
hill—bryn (m.) -iau
hole—twll (m.) -tyllau
holidays—gwyliau (plural)
home—cartref (m.) -i; home rule—ymreolaeth
   to go home—mynd adre; go home English—
   ewch adre, Saeson; at home—gartre
honey—mêl (m.)
hope—gobaith (m.) -gobeithion; gobeithio (v.)
horn—corn (m.) -cyrn
horse—ceffyl (m.) -au
hospital—ysbyty (m.) -ysbytai
hot—poeth
   hot water bottle—potel dŵr poeth
hotel—gwesty (m.) -gwestai
hour—awr (f.) -oriau
house—tŷ (m.) -tai
how?—sut?
hundred—cant
hungry—llwgu
hurry—brysio
husband—gŵr (m.) -gwŷr

I

I—i, fi
ice—ia (m.): ice cream—hufen ia
idea—syniad (m.) -au
if—os
ill—sâl, tost
illness—clefyd (f.) -au
important—pwysig
in—yn, mewn; in a—mewn; in the—yn y
   inside—tu mewn; in the middle of—
   yng nghanol
influenza—ffliw (m.)
inn—tafarn (f.) -au; gwesty (m.) -gwestai
instrument—offeryn (m.) -nau
interesting—diddorol
invitation—gwahoddiad (m.) -au
invite—gwahodd
Ireland—Iwerddon
iron—haearn (m.) -heyrn
island—ynys (f.) -oedd
it—e (he), hi (she)
Italy—yr Eidal

J

jacket—siaced (f.) -i
jail—carchar (m.) -au; jail for the language—
   carchar dros yr iaith
jam—jam (m.) -au
job—swydd (f.) -i
journey—taith (f.) -teithiau; teithio (v.)

jug—jwg (m.) -iau
jump—neidio
jumper—siwmper (f.) -i

K

keep—cadw
keeper—gofalwr (m.) -gofalwyr
kettle—tegell (m.) -au
key—allwedd (f.) -i
kick—cicio (v.); cic (f.) -iau; free kick
  cic rydd
kind—caredig (a.); math (m.) -au
kiss—cusanu (v.); cusan (f.) -au
kitchen—cegin (f.) -au
knee—penlin (f.) -iau
knife—cyllell (f.) -cyllyll
know—adnabod (someone); gwybod
  (something)

L

label—label (m.) -i
ladies—menywod, merched
lake—llyn (m.) -noedd
lamb—oen (f.) -wyn
lame—cloff
land—tir (m.) -oedd; gwlad (f.) -gwledydd
  (country); land of my fathers—gwlad fy
  nhadau
language—iaith (f.) -ieithoedd; Welsh Language
  Society—Cymdeithas yr Iaith Gymraeg

large—mawr
last—olaf; diwethaf; para (v.); the last bus—
  y bws olaf; last month—mis diwethaf;
  last night—neithiwr; last year—llynedd
late—hwyr
laugh—chwerthin
lavatory—tŷ bach (m.) -tai bach
lean—pwyso (v.); tenau (a.)
learn—dysgu
learner—dysgwr (m.) -dysgwyr
least—lleia: at least—o leia
leave—gadael; ymadael â (a place)
left—chwith (direction); ar ôl—left over
  to the left—i'r chwith
lemon—lemwn (m.) -au
lemonade—lemwnâd (m.)
letter—llythyr (m.) -au
licence—trwydded (f.) -au
lid—caead (m.) -au
lie down—gorwedd
life—bywyd (m.) -au
lift—codi (v.); lifft (m.)
light—golau (m.) -goleuadau; ysgafn (a.)
light-house—goleudy (m.) -goleudai
like—hoffi (y.); fel (as)
lip—gwefus (f.) -au
lipstick—minlliw (m.) -iau
list—rhestr (f.) -au
litter—sbwriel (m.)
little—bach; a little—ychydig
live—byw; living room—ystafell fyw
loaf—torth (f.) -au
lonely—unig (before noun e.g. yr unig lyfr—
  the only book)
long—hir
look—edrych

look after—edrych ar ôl
lorry—lori (f.) -iau
lose—colli
lot—llawer
love—caru (v.); cariad (m.) -on
lovely—hyfryd
low—isel
lucky—lwcus
luggage—bagiau (plural)
lunch—cinio (m.) -ciniawau

M

machine—peiriant (m.) -nau
mad—gwallgo
magazine—cylchgrawn (m.) cylchgronau
magistrate—ynad (m.) -on
maid—morwyn (f.) -morynion
make—gwneud
man—dyn (m.) -ion; gŵr (m.) -gwŷr
manager—rheolwr (m.) -rheolwyr
many—llawer; many people—llawer o bobl
map—map (m.) -iau
market—marchnad (f.) -oedd
marmalade—marmalâd (m.)
marry—priodi
matches—fflachiau (pl.); box of matches—
  blwch o fflachiau
matter: what's the matter—beth sy'n bod
  there's no matter—does dim ots
meal—pryd (m.) -au
meat—cig (m.) -oedd
melon—melon (m.) -au

menu—bwydlen (f.) -ni
message—neges (f.) -oedd
middle—canol (m.); in the middle of—yng
  nghanol
mile—milltir (f.) -oedd
milk—llaeth (m.)
minute—munud (m./f.) -au
mirror—drych (m.) -au
miss—colli (v.)
mist—niwl (m.) -oedd
misty—niwlog
mix—cymysgu
mix up—cawl (m.) (lit. soup)
money—arian (m.)
month—mis (m.) -oedd
moon—lleuad (f.) -au
more—mwy; more food—mwy o fwyd
morning—bore (m.) -au: good morning—
  bore da
most—mwya; most beautiful—mwya pert
  most of the cars—y rhan fwya o'r ceir
mother—mam (f.) -au
motorway—traffordd (f.) -traffyrdd
mountain—mynydd (m.) -oedd
mouth—ceg (f.) -au
move—symud (v.)
much—llawer; how much? —faint?
museum—amgueddfa (f.) -amgueddfeydd
must—rhaid; I must—rhaid i fi
mustard—mwstart (m.)
my—fy, 'y

N

naked—noeth, porcyn
name—enw (m.) -au
narrow—cul
nasty—cas
nation—cenedl (f.) -cenhedloedd
national—cenedlaethol
nationalist—cenedlaetholwr (m.)
  -cenedlaetholwyr
naughty—drwg
next—nesa; next door—drws nesa
never—byth
new—newydd
news—newyddion; news agent—siop
  bapurau; news paper—papur newydd
nice—neis, hyfryd
nickers—trôns (pl.)
night—nos (f.) -weithiau; good night—
  nos da; tonight—heno; tomorrow
  night—nos yfory; last night— neithiwr
night-dress—gwisg nos (f.) -oedd nos
no—na
noise—sŵn (m.) -au
noisy—swnllyd
north—gogledd (m.)
nose—trwyn (m.) -au
not—ddim; not at all—ddim o gwbl
nothing—di, dim byd
now—nawr
nurse—nyrs (f.) -ys
nylonds—sanau neilon (pl.)

O

o'clock—o'r gloch
of—o
off—i ffwrdd, bant
office—swyddfa (f.) -swyddfeydd
  booking office—swyddfa docynnau
often—yn aml
oil—olew (m.) -on
old—hen
on—ar
once—unwaith
onions—wynwns (pl.)
only—yn unig, dim ond, yr unig; the only
  place—yr unig le; only ten—deg yn
  unig/dim ond deg
open—agor (v.); ar agor (on signs)
opera—opera (f.) ^u
or—neu
orange—oren (f.) -nau
orchestra—cerddorfa (f.) -cerddorfeydd
other—arall; the other one—y llall;
  others—lleill
ounce—owns (m.)
our—ein
oven—ffwrn (f.) -ffyrnau
over—dros; the film is over—mae'r ffilm
  drosodd

P

pack—pacio (v.)
pain—poen (f.) -au

paint—paent (m.) -iau; paentio (v.)
pants—trôns (pl.)
paper—papur (m.) -au
parcel—parsel (m.) -i
parents—rhieni (pl.)
park—parc (m.) -iau; parcio (v.)
parliament—senedd (f.) -au
parsnips—pannas (pl.)
pass—pasio, mynd heibio i; estyn (bread etc)
passenger—teithiwr (m.) -teithwyr
paste—past (m.); tooth-paste—past dannedd
path—llwybr (m.) -au; public footpath—
   llwybr cyhoeddus
pavement—pafin (m.)
pay—talu (v.); tâl (m.) -iadau
peas—pys (pl.)
peach—eirin gwlanog (pl.)
pedal—pedal (m.) -au
pedestrian—cerddwr (m.) cerddwyr
pen—ysgrifbin (m.)
penalty—cic gosb (f.) -iau cosb
pencil—pensil (m.) -ion
penny—ceiniog (f.) -au
pepper—pupur (m.)
perfume—persawr (m.) -au
perhaps—efallai
person—person (m.) -au
petrol—petrol (m.)
phone—ffonio (v.); ffôn (m.) -iau
picture—llun (m.) -iau; darlun (m.) -iau
pig—mochyn (m.) -moch
pillow—clustog (f.) -au
pink—pinc
pint—peint (m.) -iau
place—lle (m.) -fydd/oedd
plane—awyren (f.) -nau

plate—plât (m.) -iau
platform—platfform (m.)
play—chwarae (v.); drama (f.) -âu
player—chwaraewr (m.) -chwaraewyr
please—os gwelwch yn dda; plesio (v.)
pleased—balch
plug—plyg (m.) -iau
plumb—eirinen (f.) -eirin
pocket—poced (m.) -i
poet—bardd (m.) -beirdd
pole—polyn (m.) -polion
police—heddlu (m.)
   police station—swyddfa'r heddlu
policeman—plismon, heddwas, slob (slang)
pork—porc (m.)
poor—tlawd
pop—pop (m.)
porter—cludydd (m.) -cludwyr; porter (m.)
   -iaid
porridge—uwd (m.)
post—post (m.); postio (v.): Post Office—
   Swyddfa'r Post
pot—pot (m.) -iau
potatoes—tatws (pl.)
pottery—crochenwaith (m.)
preach—pregethu
preacher—pregethwr (m.) -pregethwyr
prefer—(g)well gyda; I prefer—mae'n well
   gyda fi
prepare—paratoi
present—anrheg (m.) -ion; rhodd (f.) -ion;
   presennol (m.) (time); at present—ar hyn
   o bryd, nawr
pretty—pert, tlws
price—pris (m.) -iau
priest—offeiriad (m.) -offeiriaid

programme—rhaglen (f.) -ni
promise—addo (v.); addewid (m.) -ion
proud—balch
pub—tafarn (f.) -au
public—cyhoeddus
pudding—pwdin (m.)
pull—tynnu
pullover—siwmper (f.) -i
pump—pwmp (m.) -iau
purple—piws
purse—pwrs (m.) -pyrsau
put—rhoi, dodi, gosod
pyjamas—dillad nos (pl.); gwisg nos (f.)

Q

quarrel—ffraeo (v.); cweryla (v.)
quarter—chwarter (m.) -i
queen—brenhines (f.) -au
question—cwestiwn (m.) -cwestiynau
queue—cwt (m.)
quick—cyflym
quickly—yn gyflym
quiet—tawel
quiz—cwis (m.)

R

race—râs (f.) -ys
rack—rhac (f.) -iau
radio—radio (m.)
railway—rheilffordd (f.) -rheilffyrdd

rain—glaw (m.) -ogydd; bwrw glaw (v.)
raise—codi
razor—llafn (f.) -au
reach—cyrraedd
read—darllen
ready—parod (a.); yn barod (ad.)
receive—derbyn
recite—adrodd
recognise—nabod
record—record (f.) -iau
recover—gwella
red—coch
remain—aros (v.); ôl (m.) -ion
remember—cofio
rent—rent (m.) -i
reserve—cadw; reserved seat—sedd gadw
rest—gweddill (m.) -ion (remainder);
    gorffwys (v.)
return—dychwelyd
rich—cyfoethog
rice—reis (m.)
right—iawn (correct); y dde (direction)
    to the right—i'r dde
ring—modrwy (f.) -on (on finger); cylch (m.)
    -oedd (circle)
river—afon (f.) -ydd
road—heol (f.) -ydd; main road—heol fawr
rock—craig (f.) -iau
roll—rholyn (m.) -rholiau
Rome—Rhufain
room—stafell (f.) -oedd
rope—rhaff (f.) -au
rose—rhosyn (m.) -nau
rugby—rygbi
ruin—adfail (m.) -adfeilion
run—rhedeg

S

sad—trist
sail—hwylio (v.); hwyl (f.) -iau
saint—sant (m.) -saint
salad—salad (m.) -au
sale—gwerthiant (m.) -gwerthiannau; for sale—
    ar werth
salmon—eog (m.) -iaid
salt—halen (m.)
sand—tywod (m.)
sandal—sandal (f.) -au
sandwich—brechdan (f.) -au
sauce—saws (m.)
sausage—selsigen (f.) -selsig
say—dweud
scarff—sgarff (m.)
school—ysgol (f.) -ion
scissors—siswrn (m.) -sisyrnau
score—sgôr (m.); sgorio (v.)
Scotland—Yr Alban
screen—sgrin (m.)
sea—môr (m.) -oedd
seat—sedd (f.) -au
second—eiliad (m.) -au
secretary—ysgrifennydd (m.) -ysgrifenyddion:
    ysgrifenyddes (f.) -au
see—gweld
self—hun
sell—gwerthu
selves—hunain
send—anfon, hala
sermon—bregeth (f.) -au

set— set (m.) -iau
sex—rhyw (f.)
shave—eillio
she—hi
sheep—dafad (f.) -defaid
sheet—cynfasen (f.) -cynfasau
shilling—swllt (m.) -sylltau
shirt—crys (m.) -au
ship—llong (f.) -au
shit—cachu (v. & m.)
shoe—esgid (f.) -iau
shop—siop (f.) -au
short—byr
shoulder—ysgwydd (f.) -au
shovel—rhaw (f.) -rhofiau
show—dangos (v.); sioe (f.) -au
shower—cawod (m.) -ydd
shut—cau (v.); ar gau (closed)
side—ochr (f.) -au
sign—arwydd (m.) -ion; llofnodi
silver—arian
sing—canu
singer—canwr (m.) -cantorion
sister—chwaer (f.) -chwiorydd
sit—eistedd; sitting room—ystafell fyw,
    lolfa
size—maint (m.) -meintiau
skin—croen (m.) -crwyn
skirt—sgert (f.) -iau
sky—awyr (f.)
slate—llechen (f.) -llechi
sleep—cysgu (v.); cwsg (m.); sleeping bag—
    sach gysgu
slip—llithro (v.)
slow—araf
small—bach

smaller—llai
smallest—lleia
smell—arogli (v.); gwynto (v.); arogl (m.) -au
smile—gwên (f.) -au; gwenu (v.)
snow—eira (m.); bwrw eira (v.)
so—felly
soap—sebon (m.)
soccer—pêl-droed (f.)
society—cymdeithas (f.) -au
sock—hosan (f.) -au
sofa—soffa (m.)
someone—rhywun (m.) -rhywrai
sometimes—weithiau
somewhere—rhywle
son—mab (m.) -meibion
song—cân (f.) -caneuon
soon—buan (a.); yn fuan (ad.)
sound—sŵn (m.) -iau
soup—cawl (m.)
speak—siarad
special—arbennig
spectacles—sbectol (f.); gwydrau (pl.)
speed—cyflymder (m.)
spend—gwario (money); treulio (time)
spirit—hwyl (f.) -iau (fun); ysbryd (m.) -ion
(ghost); gwirod (m.) -ydd (drink)
spoon—llwy (f.) -au
spring—gwanwyn (m.) (season); sbring(m.) -iau
square—sgwar (m.) -iau
stage—llwyfan (m.) -nau
stairs—grisiau (pl.)
stall—stondin (f.) -au
stamp—stamp (m.) -iau
start—dechrau
station—gorsaf (f.) -oedd
stay—aros

stockings—hosanau (pl.)
stomach—bol (m.) -iau; stumog (f.) -au
stone—carreg (f.) -cerrig
stop—aros; bus-stop—arosfan (f.)
storm—storm (f.) -ydd
story—stori (f.) -au
stove—ffwrn (f.) -ffyrnau
strawberries—mefus (pl.)
stream—nant (f.) -nentydd
street—stryd (f.) -oedd; high street—stryd fawr
strong—cryf
sugar—siwgr (m.)
suggest—awgrymu; cynnig
suit—siwt (f.) -iau; suit-case—cês dillad
summer—haf (m.)
summit—copa (m./f.) -on
sun—haul (m.)
sunbathe—torheulo, bolheulo
supper—swper (m.) -au
sure—siŵr
swear—rhegi
sweet—melys
sweetheart—cariad (m.) -on
swim—nofio
switch—swits (m.) -ys
Switzerland —Y Swistir

T

table—bwrdd (m.) -au, bord (f.) -ydd
tackle—offer (pl.); taclo (v.); tacl (m.) (rugby)
take—cymryd; mynd â (go with); take a
picture—tynnu llun

talk—siarad
tall—tal
tank—tanc (m.) -iau
tap—tap (m.) -iau
tart—tarten (f.)
taste—blase (v.); blas (m.)
tasty—blasus
taxi—tacsi (m.)
tea—te (m.)
teach—dysgu
teacher—athro (m.) -athrawon; athrawes (f.) -au
team—tim (m.) -au
teapot—tebot (m.)
tease—poeni
telegram—brysneges (f.) -au
telephone—teliffôn (m.); ffonio (v.)
tennis—tenis (m.)
temperature—tymheredd (m.); gwres (m.)
illness
tent—pabell (f.) -pebyll .
thanks—diolch
that—hwnnw (m.a.), honno (f.a.); bod (I know
that. .); y bydd (with future)
theatre—theatr (f.) -au
their—eu
them—nhw
these—rhain (pl.); hyn (a.)
they—nhw
thin—tenau
thing—peth (m.) -au; something—rhywbeth
think—meddwl
thirst—syched (m.); I'm thirsty—mae syched
arna i
this—yma, hwn (m.a.), hon (f.a.); this one—
·hwn (m.), hon, (f.)
thousand—mil

throat—gwddf (m.) -gyddfau
throw—taflu
ticket—tocyn (m.) -nau
tide—llanw (m.)
tie—tei (m.); clymu (v.)
time—amser (m.) -au; what's the time? —beth yw'r amser?
timetable—amserlen (f.) -ni
tire—blino
tired—wedi blino, blinedig
toast—tost (m.); tostio (v.)
tobacco—tybaco (m.), baco (m.)
toe—bys troed (m.) -bysedd traed
toilet—tŷ bach (m.) -tai bach: toilet paper—papur tŷ bach
tomato—tomato (m.) -tomatau
tomorrow—yfory, fory
tongue—tafod (f.) -au
tonight—heno
too—rhy
tool—offeryn (m.) -offer
tooth—dant (m.) -dannedd: I've got toothache —mae'r ddannodd arna i
tower—tŵr (m) -tyrau
town—tre (f.) -fi
toy—tegan (m.) -au
traffic—trafnidiaeth (f.); traffic lights—goleuadau (trafnidiaeth)
train—trên (m.)
transport—cludiant (m.), cludo (v.)
travel—teithio
treble—trebl
tree—coeden (f.) -coed
trousers—trwser (m.) -i
trout—brithyll (m.)
tune—alaw (f.) -on, tôn (f.) -au

tunnel—twnnel (m.) -twnelau
turkey—twrci (m.) -od
turn—troi (v.); tro (m.) -eon
tweed—brethyn (m.); Welsh tweed—brethyn Cymru
twenty—ugain, dau-ddeg
twice—dwywaith
tyre—teiar (m.) -s

U

ugly—salw, hyll,
umbrella—ymbarêl (m.)
uncle—ewythr (m.) -ewyrth
understand—deall
unfortunately—yn anffodus
upstairs—lloft (f.) -ydd; go upstairs—mynd lan llofft

V

vale—pant (m.) -iau; cwm (m.) -cymoedd
valley—cwm (m.) -cymoedd
value—gwerth (m.) -oedd
vegetables—llysiau (pl.)
vehicle—cerbyd (m.) -au
very—iawn (follows a.)
village—pentre (m.) -fi
vinegar—finegr (m.)
voice—llais (m.) -lleisiau

W

wait—aros; no waiting—dim aros
waiting room—ystafell aros (f.) -oedd aros
waiter—gweinydd (m.); gweinyddes (f.) -au
wake—deffro
Wales—Cymru; Parliament for Wales—Senedd i Gymru
walk—cerdded; go for a walk—mynd am dro
wall—wal (f.) -iau, mur (m.) -iau
want—eisiau, moyn; I want—rydw i'n moyn
wardrobe—cwpwrdd dillad
warm—twym, cynnes
wash—golchi, ymolchi (wash oneself)
wash basin—basn ymolchi (m.)
water—dŵr (m.) -dyfroedd
water falls—rhaeadr (f.) -au
watch—oriawr (f.) -oriorau: gwylio (v.)
wave—ton (f.) -nau
way—ffordd (f.) -ffyrdd; one way—un ffordd
weak—gwan
wear—gwisgo
weather—tywydd (m.)
wedding—priodas (f.) -au
week—wythnos (f.) -au
Welsh—Cymraeg (language); Cymreig (a.)
Welshman—Cymro (m.) -Cymry
Welshwoman—Cymraes (f.)
wet—gwlyb (a.); gwlychu (v.)
what?—beth? ; what's the matter? —beth sy'n bod?
wheel—olwyn (f.) -i
when?—pryd?
where? —ble?
which?—pa?

white—gwyn
Whitsun—Sulgwyn (m.)
why?—pam?
wide—llydan
wife—gwraig (f.) -gwragedd
will—bydd (3rd person of v.); ewyllys (f.)
win—ennill
wind—gwynt (m.) -oedd
window—ffenest (f.) -ri
wine—gwin (m.) -oedd; wine list—rhest win
winter—gaeaf (m.) -oedd
wish—dymuno (v.); dymuniad (m.) -au
   best wishes—dymuniadau gorau, cofion
   gorau
woman—menyw (f.) -od
wood—pren (m.) -nau
wool—gwlan (m.)
word—gair (m.) -geiriau
work—gwaith (m.) -gweithfeydd; gweithio (v.)
world—byd (m.)
worse—gwaeth
worst—gwaetha
wound—clwyf (m.) -au
write—ysgrifennu; writing paper—papur
   ysgrifennu

Y

year—blwyddyn (f.) -blynyddoedd; blynedd
   (after numbers)
yellow—melyn
yes—ie, oes, ydy, ydyn etc (see grammar)
yesterday—ddoe

young—ifanc
you—chi
your—eich
Youth Hostel—Hostel Ieuenctid

DYDDIAU'R WYTHNOS
Days of the Week

Dydd Sul—Sunday
Dydd Llun—Monday
Dydd Mawrth—Tuesday
Dydd Mercher—Wednesday
Dydd Iau—Thursday
Dydd Gwener—Friday
Dydd Sadwrn—Saturday

MISOEDD Y FLWYDDYN
Months of the Year

Ionawr—January
Chwefror—February
Mawrth—March
Ebrill—April
Mai—May
Mehefin—June
Gorffennaf—July
Awst—August
Medi—September
Hydref—October
Tachwedd—November
Rhagfyr—December

GWLEDYDD A LLEOEDD
Countries & Places

Aberdaugleddau—Milford Haven
Abergwaun—Fishguard
Aberhonddu—Brecon
Abertawe—Swansea
Aberteifi—Cardigan
Amwythig—Shrewsbury
Bannau Brycheiniog—Brecon Beacons
Caerdydd—Cardiff
Caergybi—Holyhead
Casnewydd—Newport
Castell Nedd—Neath
Cei Newydd—New Quay
Cernyw—Cornwall
Conwy—Conway
Cymru—Wales
Dinbych—Denbigh
Dinbych-y-pysgod—Tenby
Dyfrdwy—Dee
Efrog Newydd—New York
Eryri—Snowdonia
Gwyr—Gower
Hendygwyn-ar-daf—Whitland
Hwlffordd—Haverfordwest
Iwerddon—Ireland
Lerpwl—Liverpool

TYMHORAU
Seasons

Gwanwyn—Spring
Haf—Summer
Hydref—Autumn
Gaeaf—Winter

SOME NAMES IN WELSH HISTORY

ANEURIN : One of the earliest Welsh poets — around 600 A.D.

DEWI SANT : St David, Patron Saint of Wales, 6th century.

RHODRI FAWR : First Welsh king to unite Wales, 9th century.

HYWEL DDA : Author/collector of Welsh Laws, 10th century.

LLYWELYN : Great King (or Prince) of Wales, died 1240.

LLYWELYN II : Prince of Wales, killed by the English, 1282.

DAFYDD AP GWILYM : Most famous of Welsh poets, 14th century.

OWAIN GLYN-DŴR : Leader of successful all-Wales revolt; set up Welsh Parliament, around 1400.

MICHAEL D.JONES : Father of modern Welsh nationalism, 19th century.

EMRYS AP IWAN : Writer and inspirer of Welsh language movement died 1906.

T. GWYNN JONES and GWENALLT : Two of the greatest of many nationalist writers of this century.

D. J. WILLIAMS : Great nationalist, died 1970.

SAUNDERS LEWIS : Wales' greatest dramatist and writer, and past leader of national movement.

GWYNFOR EVANS : Present day Leader of Wales.

THE NATIONAL ANTHEM

YR ANTHEM GENEDLAETHOL

Mae hen wlad fy nhadau yn annwyl i mi,
Gwlad beirdd a chantorion, enwogion o fri,
Ei gwrol ryfelwyr, gwlatgarwyr tra mad,
Tros ryddid collasant eu gwaed.
  Gwlad! Gwlad!
  Pleidiol wyf i'm gwlad.
  Tra môr yn fur i'r bur hoff bau,
  O bydded i'r hen iaith barhau.

The land of my fathers is dear to me
Land of bards and singers, famous men of renown,
Its brave warriors, so good patriots,
For freedom they lost their blood.
  Land! Land!
  I am faithful to my land.
  While sea is a wall to the pure, dear country,
  O let the old language continue.

Learn MORE Welsh through cartoons!

AND NOW, rush out and buy the incredible etc. (Nudes Galore) FOLLOW-UP to Welsh is Fun...

Uniform with this prestigious volume and by the same distinguished authors...

Welsh is Fun-TASTIC!

Price £2.95 (+ carriage if needed)

Language books, cookbooks,
songbooks, art books,
political books, guide books,
storybooks – find them all
in our free, full-colour Catalogue
or surf our website **www.ylolfa.com**

Talybont
Ceredigion
Cymru
SY24 5AP
ffôn (01970) 832 304
ffacs 832 782
isdn 832 813
e-bost ylolfa@ylolfa.com
y we www.ylolfa.com